오늘부터 피그마

초판 1쇄 인쇄 | 2025년 1월 10일
초판 1쇄 발행 | 2025년 1월 15일

지 은 이 | 김시완, 정현민

발 행 인 | 이상만
발 행 처 | 정보문화사

책 임 편 집 | 노미라
편 집 진 행 | 명은별

주   소 | 서울시 종로구 동숭길 113 정보빌딩
전   화 | (02)3673-0114
팩   스 | (02)3673-0260
등   록 | 1990년 2월 14일 제1-1013호
홈 페 이 지 | www.infopub.co.kr

I S B N | 978-89-5674-993-8

※ 책값은 뒤표지에 있습니다.
※ 잘못된 책은 구입한 서점에서 바꿔 드립니다.

오늘부터 피그마 Figma

김시완, 정현민 지음

정보문화사
Information Publishing Group

들어가면서

'오늘부터 피그마'는 피그마가 궁금하지만 시작하기 어려웠던 분들을 위한 책입니다. 이 책은 초보자도 나만의 서비스를 만들어볼 수 있도록 쉬운 설명과 다양한 실습을 담았습니다. Part 01과 Part 02에서 피그마의 핵심 기능을 익히고, Part 03에서 기획부터 화면 디자인까지 따라하며 피그마에 익숙해질 수 있도록 구성했습니다.

부지런히 업데이트되는 피그마는 2024년, 인터페이스와 기능을 더 강화하였습니다. 이 책은 새롭게 도입된 UI3 인터페이스를 기준으로 제작되었습니다.

피그마를 처음 알게 된 지 벌써 5년이 지났습니다. 이제는 일반적인 문서 작업부터 프레젠테이션까지, 모든 작업이 피그마 하나로 가능하다는 생각이 듭니다. 그만큼 피그마가 누구에게나 활용도 높은 도구로 발전하고 있기 때문입니다. 피그마처럼 쉽게 다룰 수 있는 도구가 있으면, 무언가를 만드는 데 느끼는 두려움도 자연스럽게 줄어들 것입니다.

디자이너이자 기획자로서 서비스를 만들 때, 피그마는 가장 친한 친구입니다. 여러분도 만들어보고 싶은 서비스가 있나요? 그렇다면 피그마가 여러분의 상상력을 실현하고 성장을 돕는 든든한 동료가 되어줄 것입니다. 처음엔 익숙하지 않더라도 마음 가는 대로 이것저것 눌러보며 시도해 보세요. 몇 가지 강력한 기능으로 시작한 피그마가 지금의 완성도 높은 도구로 발전한 것처럼, 어느새 피그마 마스터가 되어 있을 여러분을 응원합니다!

– 저자 김시완 정현민 –

피그마 소개

업계 표준이 된 UXUI 디자인 툴

2016년 출시 이후, 피그마는 UXUI 디자인 업계에서 빠르게 표준으로 자리 잡은 클라우드 기반의 디자인 툴입니다. 피그마는 웹 브라우저만 있으면 어디서나 작업할 수 있으며, 윈도우, 맥 OS, 리눅스 등 다양한 운영체제에서 동일한 작업 환경을 제공하기 때문에 기존의 데스크톱 기반 툴과는 차별화되는 강점이 있습니다. 피그마는 디자인, 프로토타이핑, 개발까지 전체적인 프로세스를 아우르는 만큼 작업 효율이 매우 높아, 이제는 대체 불가능한 도구가 되었습니다. 뿐만 아니라, 피그마 사용자가 많아지고 관련 커뮤니티도 활발해지면서 플러그인과 다양한 리소스를 쉽게 구할 수 있습니다. 또한, 2024년에 진행된 대규모 업데이트로 피그마는 AI 기반의 새로운 기능까지 선보이고 있습니다. 앞으로도 피그마는 UXUI 디자인을 넘어 프레젠테이션, 이미지 작업 등 다양한 업무에 활용될 강력한 툴입니다.

비전공자도 쉽게 배우고 다양하게 활용할 수 있는 툴

피그마는 디자인을 처음 접하는 비전공자들도 쉽게 배울 수 있는 도구입니다. 직관적인 UI와 온라인에서 쉽게 구할 수 있는 학습 자료 덕분에 시작하기 수월합니다. 물론 초기에는 기능들이 너무 많아 낯설게 느껴질 수 있지만, 몇 가지 핵심 기능을 학습한다면 빠르게 익숙해질 수 있습니다. 또한 피그마는 이력서 작성, 프레젠테이션 제작, 개인 프로젝트 등 다양한 용도로 활용할 수 있어, 배워두면 두루두루 사용할 수 있는 유용한 도구입니다.

협업에 최적화된 툴

피그마의 가장 큰 강점 중 하나는 실시간 협업 기능입니다. 여러 사용자가 동시에 하나의 디자인 파일에 접근하여 작업할 수 있으며, 변경 사항을 즉각적으로 확인할 수 있습니다. 코멘트(Comment)와 멘션(Mention) 기능을 통해 피드백을 활발하게 주고받을 수 있고, 회의나 리뷰 과정에서 특정 사용자의 화면을 팔로우하여 원격으로 같은 화면을 보며 효율적으로 커뮤니케이션할 수 있습니다.

피그마 요금제

피그마 요금제는 Starter, Professional, Organization, Enterprise의 4가지로 구성되어 있습니다. 처음 피그마를 시작하는 사용자라면 Starter 플랜으로도 충분히 기본적인 기능을 사용할 수 있습니다. 그러나 팀 단위의 협업이나 보안이 중요한 경우에는 상위 플랜을 고려하는 것이 좋습니다. 제공되는 기능과 플랜별 가격은 변동될 수 있으니, 최신 정보는 **공식 홈페이지**(https://www.figma.com/pricing/)를 참고하세요.

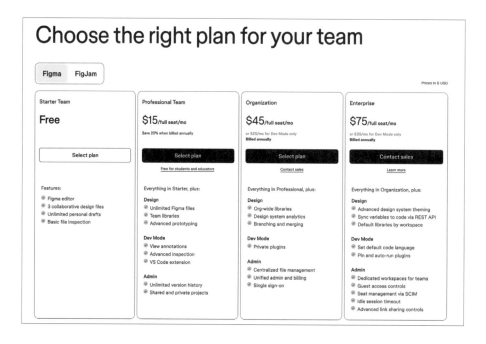

Starter와 Professional 플랜의 주요 기능을 비교해 보겠습니다. Starter 플랜에서도 기본적인 디자인 편집 기능을 사용할 수 있지만, 다양한 협업 도구가 필요하다면 Professional 플랜이 더 적합합니다. 이 책은 무료로 피그마를 시작할 수 있도록 기본적인 기능을 중심으로 다루고 있습니다.

기능	Starter	Professional
가격	무료	월 $15(연간 결제 시 월 $12)
파일 및 프로젝트	드래프트 파일 무제한, 최대 1개 프로젝트 및 최대 3개 파일	무제한 파일 및 프로젝트
버전 기록	30일	무제한
협업	무제한 뷰어, 댓글, 공유링크 등 기본 기능	스타터 기능 외 프로토타입만 공유, 음성 대화 등 고급 기능
디자인시스템을 위한 라이브러리	지원하지 않음	지원함
DevMode	지원하지 않음	지원함
보안 및 관리	지원하지 않음	파일 비밀번호 설정

실습 파일 활용 가이드

앞으로의 실습에 필요한 파일은 피그마 커뮤니티를 통해 다운받을 수 있습니다. Part 01과 Part 02가 하나의 파일로 되어있으며, Part 03은 개별 파일로 되어있습니다. Part 01의 Chapter 01을 마친 후, 로그인 계정에서 실습 파일을 오픈해 활용해 보세요.

01

피그마 프로필 상단의 지구본 아이콘 또는 하단의 [Explore Community] 버튼을 눌러 피그마 커뮤니티로 접속합니다.

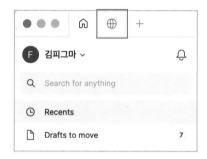

02

'오늘부터 피그마'를 입력하고 검색합니다.

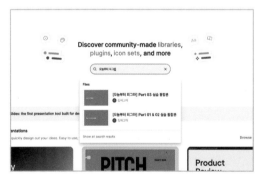
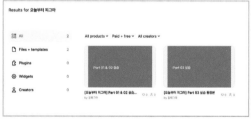

03

필요한 실습 파일을 선택하고, [Open in Figma] 버튼을 클릭하여 파일을 엽니다. 한번 오픈한 파일은 나의 피그마 홈에서 확인할 수 있습니다.

04

파일의 좌측 사이드바에서 알맞는 실습명을 찾아 실습을 진행합니다.

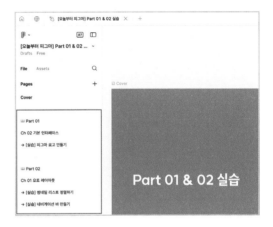

차례

PART
03

피그마로 완성하는 UXUI

01

피그마 시작하기

chapter
01

기본 설정

01 피그마 계정 만들기

피그마 홈페이지에 접속하여 피그마 계정을 만들고 로그인합니다.

01

피그마 웹사이트(https://www.figma.com)
에 접속합니다.

02

[Get Started for Free] 버튼을 누르면 로그
인 창이 나타납니다. 보유한 Gmail 주소로 가입
하거나 이메일과 비밀번호를 직접 입력하여 계
정을 생성할 수 있습니다.

03-1

Google 계정 또는 소셜 로그인을 선택했다면, 해당 계정의 로그인 화면으로 연결됩니다. 계정 정보를 입력하고, 피그마에 대한 접근 권한을 부여합니다.

03-2

이메일로 가입했다면, 피그마에서 보낸 확인 이메일을 받게 됩니다. 이메일 내의 링크를 클릭하여 이메일 주소를 확인하고 계정 활성화를 완료합니다.

04

피그마에서 사용할 이름을 설정하고 간단한 질문에 답합니다.

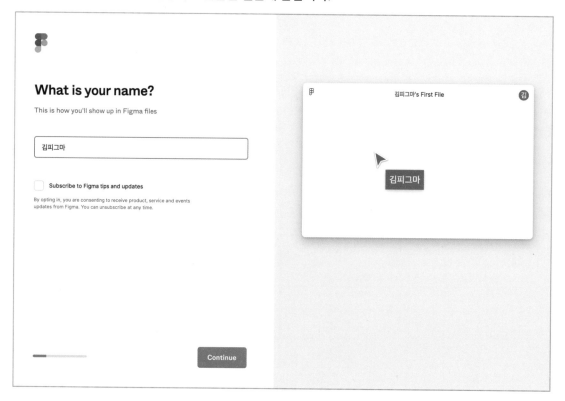

05

안내에 따라 피그마 홈에 접속합니다. Figma Basics 파일을 열어 주요 인터페이스와 기능을 살펴보는 것도 좋습니다.

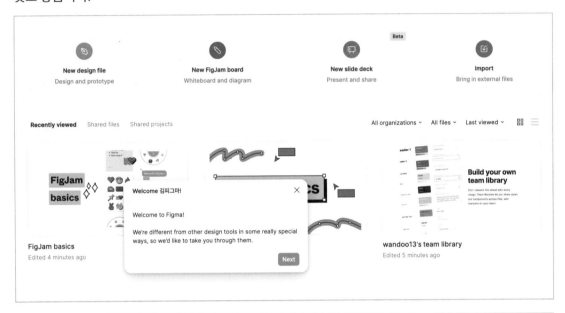

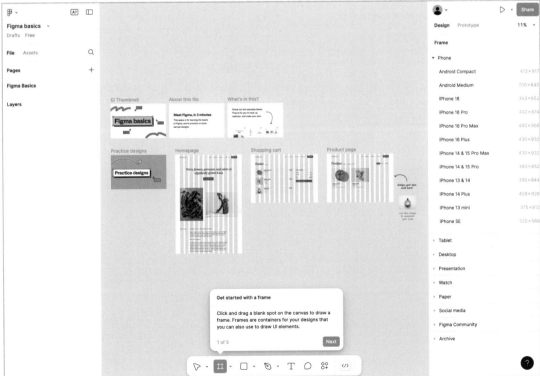

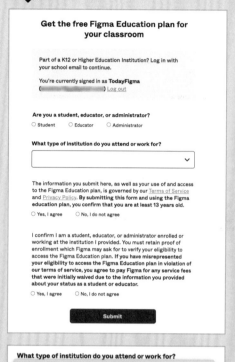

Education용 계정 인증

피그마 가입 후, 학생 또는 교사임을 인증하면 Education 용 계정으로 전환하여 피그마 Professional 요금제 의 기능을 모두 무료로 사용할 수 있습니다. 요금제 선 택 시 Education 계정 인증을 놓쳤다면 계정을 만든 이 후 피그마 교육 웹사이트(https://www.figma.com/ education/)에 방문하여 추가로 Education 계정을 인증 받을 수 있습니다.

'What type of institution do you attend or work for?'에 대한 질문에서 'K12'는 유치원~고등학생, 'Higher Ed'는 대학생 이상일 때 선택하면 됩니다. 부트 캠프 또는 온라인 강의를 수강하는 경우에도 해당 강좌를 결제한 내역 이나 수강 확인증을 제출하면 Education용 계정으로 전환 가능합니다.

데스크톱 앱 설치 및 실행하기

피그마 데스크톱 앱 설치부터 실행까지 단계별로 따라해 봅니다.

피그마 데스크톱 앱은 작업의 효율성을 높이고, 브라우저보다 많은 기능을 제공합니다. 특히, 데스크톱 앱은 브라우저 기반보다 작업 속도가 훨씬 빠르고 안정성이 높습니다. 폰트 인스톨러를 따로 설치하지 않아도 컴퓨터에 설치된 폰트를 바로 사용할 수 있고, 오프라인 상태에서도 작업을 이어갈 수 있다는 점도 데스크톱 앱의 장점입니다.

01

피그마 공식 웹사이트에 접속하여 [Products] - [Downloads]를 선택합니다.

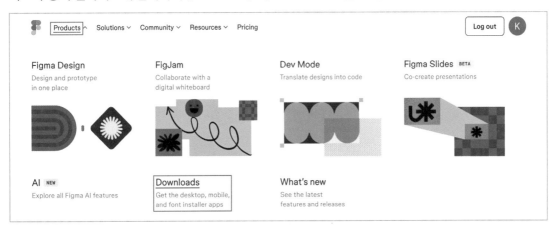

02

[Desktop app for macOS] 또는 [Desktop app for Windows]를 선택하여 다운로드합니다.

Desktop app

Desktop app for macOS

Desktop app for Windows

Desktop app for Windows Arm

Beta apps available here

Mobile app

Figma for iOS

Figma for Android

FigJam for iPad

Font installers

macOS installer

Windows installer

*The Figma desktop app includes the font installer

03

설치한 피그마 앱을 실행하고 [Log in with browser] 버튼을 클릭하여 로그인을 진행합니다.

04

로그인을 완료한 후, [Open the desktop app] 버튼을 클릭하여, 설치한 데스크톱 앱으로 돌아옵니다.

05

피그마 홈에서는 최근에 사용한 파일이나 팀과 팀 프로젝트를 관리할 수 있고, 새 파일을 만들거나 .fig 파일을 불러올 수 있습니다. 이미 웹 버전의 피그마에 로그인한 상태라면 피그마 홈에서 내 프로필을 누르고 [Get desktop app]을 선택하여 설치 파일을 다운로드합니다.

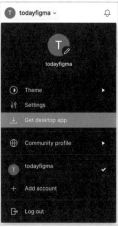

프로젝트 및 파일 관리하기

피그마 홈의 주요 인터페이스를 살펴보고 팀, 프로젝트, 드래프트 파일의 개념을 이해합니다.
프로젝트와 파일을 설정하는 기본적인 방법을 알아봅니다.

피그마 홈

피그마 홈에 접속하면 팀과 프로젝트, 최근 파일을 확인할 수 있습니다. 최근 작업 파일들은 자동으로 업데이트되며, 마지막으로 편집한 순서대로 정렬됩니다.

Team(팀): 홈 화면의 좌측에는 소속된 팀 리스트가 나타납니다. 팀은 여러 프로젝트를 포함하는 상위 개념입니다.

Projects(프로젝트): 팀 내에서 관리되는 작업 단위로, 특정 작업이나 목표를 중심으로 파일들을 모아두는 폴더입니다. 각 프로젝트는 여러 디자인 파일과 피그잼 파일을 포함할 수 있습니다.

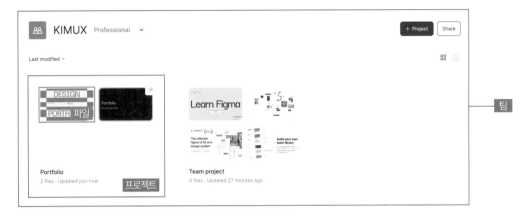

Drafts(드래프트): 드래프트는 임시로 작업하거나, 다른 사람들과 공유하기 전 초안을 작성할 때 사용합니다. 팀별로 드래프트 공간이 제공되지만, 팀의 드래프트라고 해서 팀원이 모두 볼 수 있는 것은 아닙니다. 드래프트 파일은 각 팀원의 개인 작업 공간에 속합니다.

Starter 플랜의 경우, 팀과 프로젝트를 제한적으로만 활용할 수 있습니다. 드래프트 수의 제한은 없지만 드래프트에서 팀원을 초대하여 편집할 수는 없습니다. 하나의 팀에서 하나의 프로젝트를 생성하고, 최대 3개의 피그마 디자인 파일과 3개의 피그잼 파일을 추가할 수 있습니다. 또한, 피그마 디자인 파일에서 최대 3개의 페이지만 생성할 수 있기 때문에 관리해야 하는 작업의 양에 따라 요금제를 업그레이드하는 것을 추천합니다.

프로젝트 관리

01

프로젝트 생성하기: 홈 화면에서 소속된 팀을 선택한 후, [+Project] 버튼을 클릭하여 새로운 프로젝트를 생성할 수 있습니다. 프로젝트 이름을 지정하고, 접근 권한을 설정합니다.

02

파일 추가하기: 프로젝트 내에서 [+Create new] 버튼을 클릭하여 새로운 디자인 파일이나 피그잼 파일을 생성하면, 해당 파일이 자동으로 프로젝트에 추가됩니다.

이미 다른 프로젝트에서 작업 중인 파일을 이동시키려면 파일 선택 후 마우스를 우클릭하여 [Move file…]을 선택합니다. 편집 권한을 보유한 프로젝트로만 이동이 가능합니다.

파일 관리

01

파일 썸네일 설정하기: 파일을 쉽게 구분하기 위해 썸네일을 설정할 수 있습니다. 피그마에서 디자인
한 특정 프레임을 파일의 썸네일로 지정하려면, 해당 프레임을 선택한 후 마우스를 우클릭하여 [Set as
thumbnail]을 선택합니다. 이렇게 설정된 썸네일은 홈 화면이나 프로젝트 목록에서 해당 파일을 쉽게
찾을 수 있게 도와줍니다.

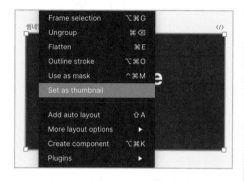
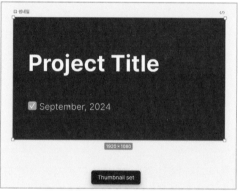

02

버전 관리하기: 피그마는 자동으로 파일의 변경
사항을 저장하고, 특정 시점의 버전으로 돌아갈
수 있는 버전 관리 기능을 제공합니다. 파일 내
에서 [File] – [Show version history]를 선
택하면 이전 버전으로 돌아가거나, 특정 버전을
이름을 지정해 저장할 수 있습니다. 작업 중 실
수를 복구하거나 중요한 시점의 디자인을 다시
확인할 때 유용한 기능입니다.

즐겨찾기와 고정 기능

즐겨찾기(Starred) 기능은 자주 접속하는 프로젝트나 파일이 있을 때 유용합니다. 프로젝트 또는 파일 단위로 별표 아이콘(Add to sidebar)을 선택하여 설정할 수 있으며, 좌측 사이드바에서 확인할 수 있습니다.

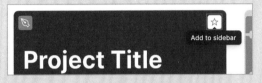

고정(Pin) 기능을 사용하면 프로젝트 내에서 중요한 파일을 상단에 고정하여 쉽게 찾을 수 있습니다.

온라인 화이트보드 역할을 하는 피그잼(FigJam)을 활용하는 방법에 대해 알아봅니다. 피그잼 파일로 아이디어를 직관적으로 정리하고 팀 협업에 활용할 수 있습니다.

01

홈 화면에서 [New FigJam board]를 선택하거나 [Create new] 옵션 중 [FigJam board]를 선택합니다.

02

피그잼 파일 생성 후 하단 툴바의 포스트잇, 화살표, 스티커 등을 통해 자유롭게 아이디어를 그릴 수 있습니다. 디자인 파일은 화면 디자인과 프로토타입에 초점이 맞춰져있는 반면, 피그잼 파일은 아이디어 스케치와 브레인스토밍, 팀원 간의 협업에 유용합니다.

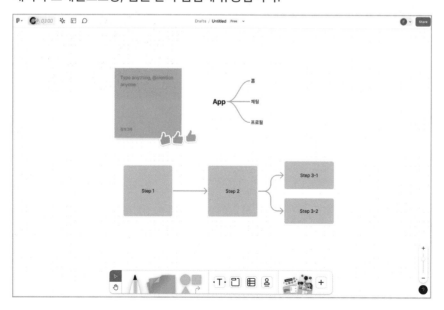

03

상단의 [Templates] 아이콘을 선택하면 템플릿을 선택할 수 있는 창이 나타납니다.

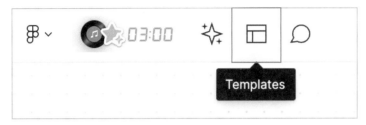

템플릿은 프로젝트 관리, 워크숍, 브레인스토밍 등 다양한 활동에 맞게 제공되고 있습니다. 'by Figma' 또는 'by FigJam'으로 표기되어있는 템플릿은 피그마에서 공식 제작한 템플릿이며, 이 외에 사용자들이 공유한 템플릿을 선택할 수 있습니다.

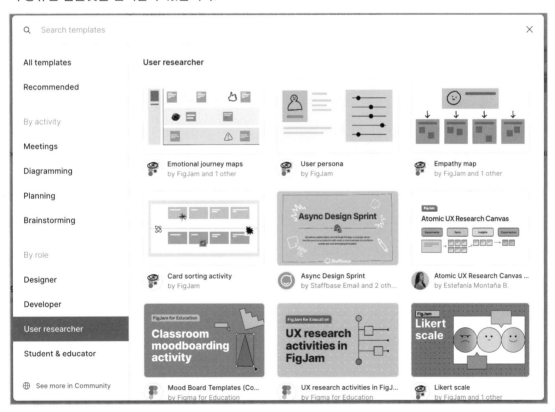

피그잼의 포스트잇을 활용하면 더 효율적으로 작업할 수 있는 User Persona, Empathy Map 등 유저 리서치 템플릿도 살펴보는 것을 추천합니다.

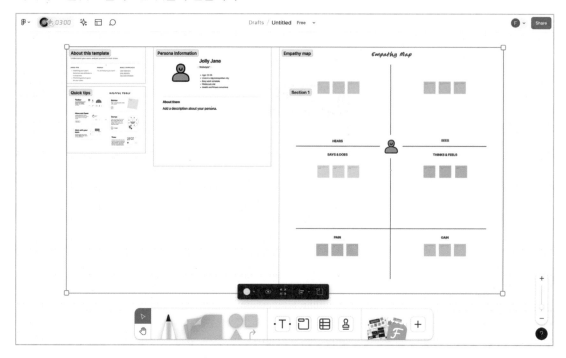

메모하세요

chapter

02

기본 인터페이스 *

01 레이아웃

피그마 디자인 파일의 작업 공간과 사이드바 패널의 속성을 살펴봅니다.

피그마 디자인 파일의 작업 공간은 좌측 사이드바, 캔버스, 툴바, 우측 사이드바로 구성됩니다.

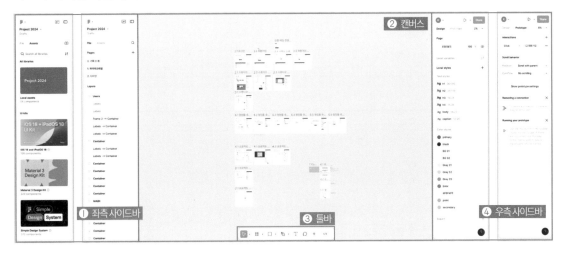

❶ Left Sidebar(좌측 사이드바): [File] 또는 [Assets] 탭 중 선택하여 사용할 수 있습니다. [File] 탭에서는 파일 내 페이지를 선택하고 페이지에 있는 레이어를 탐색합니다. [Assets] 탭은 컴포넌트를 관리할 때 활용합니다.

❷ Canvas(캔버스): 보드와 같은 역할로 실제 디자인 작업이 이루어지는 영역입니다. X축, Y축 각각 -65,000 ~ 65,000의 크기로 보드를 제공하지만 작업할 때는 무한하다고 느낄 정도로 넓은 작업 영역이 확보되어 있습니다.

❸ Toolbar(툴바): 캔버스 하단에 위치하며, 도구 선택 또는 액션 실행을 위한 버튼이 제공됩니다. 도형 그리기, 텍스트 입력, 프레임 추가, 코멘트 작성 등 다양한 작업을 수행할 수 있습니다.

❹ Right Sidebar(우측 사이드바): [Design] 탭에서 컴포넌트, 텍스트, 프레임 등 선택한 레이어의 속성을 확인하고 조정할 수 있습니다. [Prototype] 탭에서는 프레임 또는 디자인 요소를 연결하여 인터랙션을 정의할 수 있습니다.

Q tip

캔버스 색상 변경하기

어떤 레이어도 선택하지 않은 상태에서 캔버스를 선택하면, [Design] − [Page]에서 캔버스의 색상을 변경할 수 있습니다.

Pages
- -

파일 내에 여러 페이지를 생성할 수 있고, 페이지별로 캔버스가 존재합니다.

페이지를 만들고 페이지 이름에 '–'를 입력하면 구분선(Divider)이 추가됩니다. 구분선은 별도의 캔버스가 존재하지 않는 페이지로, 페이지를 구분하기 위한 역할로 활용합니다.

 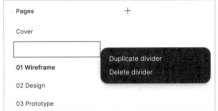

Layers

캔버스에 추가된 모든 요소들을 관리할 수 있는 영역입니다. 레이어는 캔버스 위에 쌓이는 투명한 필름이라고 생각하면 이해하기 쉽습니다. 레이어별로 하나의 요소를 담고 있고, 레이어가 쌓이는 순서에 따라 화면에서 보이는 순서가 결정됩니다. 예를 들어, 탭에서 맨 위에 있는 레이어는 가장 앞쪽에 보이고, 그 아래에 있는 레이어들은 그 뒤로 가려져 보이게 됩니다.

레이어 아이콘으로 프레임, 그룹, 컴포넌트, 인스턴스, 텍스트, 형태, 이미지, 오토 레이아웃, 섹션, 애니
메이션 GIF 또는 비디오 등을 구별할 수 있습니다.

레이어 타입		아이콘
Section 섹션		▣ Section
Frame 프레임		⊞ Frame
Group 그룹		▢ Group
Component 마스터 컴포넌트		◈ Component
Instance 인스턴스		◇ Component
Text 텍스트		T Text
Shape 형태	Rectangle 사각형	▢ Rectangle
	Line 선	— Line
	Arrow 화살표	↘ Arrow
	Ellipse 원형	○ Ellipse
	Polygon 다각형	△ Polygon
	Star 별	☆ Star
Auto layout 오토 레이아웃		▤ Auto layout
Image 이미지		▨ IMG
Animated GIF or video 애니메이션 GIF 또는 비디오		▣ Video

프레임과 그룹의 차이

프레임과 그룹은 모두 디자인 요소를 묶는 기능이지만, 프레임을 사용해야 다양한 화면 크기에 대응할 수 있습니다. 프레임의 오토 레이아웃과 컨스트레인츠 기능을 통해 내부 요소들이 프레임의 크기에 맞춰 자동으로 크기와 위치가 조정되기 때문입니다. 또한, 프레임 자체에 배경색, 테두리, 그림자와 같은 스타일을 직접 적용할 수 있어 대지나 컨테이너로 사용할 수 있습니다. 반면, 그룹은 단순히 요소를 묶어 관리하는 데 사용되며 스타일을 변경하면 그룹 내 모든 요소에 동일하게 적용됩니다.

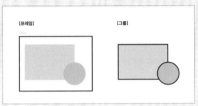

스타일(선)을 적용했을 때

크기를 줄였을 때

Assets

[Assets] 탭은 버튼, 아이콘, 내비게이션 메뉴 등 자주 사용하는 요소를 컴포넌트화하여 모아두는 공간입니다. [Assets] 탭에서 컴포넌트를 선택하고 캔버스에 드래그하면 인스턴스가 생성됩니다.

1) **Local Components**: 현재 작업중인 파일에서 만든 컴포넌트를 확인할 수 있습니다.

2) **Libraries**: [Libraries] 아이콘을 누르면 다른 파일에서 만든 컴포넌트들을 가져올 수 있는 창이 열립니다. 팀에서 공유하는 디자인 요소나 다른 프로젝트에서 사용한 컴포넌트를 불러올 수 있습니다. 피그마에서는 기본적으로 UI 키트에 해당하는 3가지 라이브러리를 제공하고 있으며, 추가되어있는 라이브러리를 해제하려면 [Remove] 버튼을 누르면 됩니다.

Design

레이어를 선택하면 정렬, 프레임 크기 및 방향, 레이아웃, 컴포넌트 및 인스턴스 속성, 텍스트, 색상 등 변경 가능한 속성이 표시됩니다.

1) **Position**(배치): 디자인 요소의 정렬, 위치, 크기, 회전 등을 조정합니다.

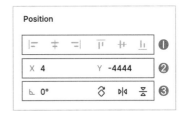

❶ Alignment(정렬): 디자인 요소를 프레임이나 캔버스 내에서 정렬할 수 있는 옵션입니다. 중앙 정렬, 왼쪽 정렬, 오른쪽 정렬, 위아래 정렬 등의 옵션을 제공합니다.

❷ X, Y 좌표: 디자인 요소의 위치를 수평(X) 및 수직(Y) 축으로 나타냅니다.

❸ Rotation(회전): 디자인 요소를 회전시키거나 좌우/상하로 뒤집을 수 있습니다.

2) **Layout/ Auto Layout**: 디자인 요소의 너비와 높이 및 요소 간의 간격, 방향 등을 설정합니다.

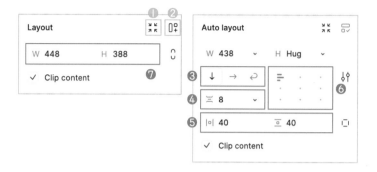

① 우측 상단의 [Resize to fit] 버튼을 누르면 남거나 부족한 공간 없이 프레임 내부의 콘텐츠 크기에 맞춰 프레임 크기가 자동으로 조정됩니다.

② [Use Auto layout(Shift+A)]을 선택하면 오토 레이아웃 기능을 사용할 수 있습니다.

③ Direction(방향): 가로 또는 세로 방향으로 정렬을 설정합니다.

④ Spacing between items(아이템 간 간격): 오브젝트 간의 간격을 조정합니다.

⑤ Padding(여백): 프레임의 내부 여백을 설정할 수 있습니다.

⑥ Alignment(정렬): 오브젝트의 정렬 방식(왼쪽, 오른쪽, 가운데 등)을 선택합니다.

⑦ Width & Height(너비 및 높이): 너비와 높이를 직접 입력하거나 캔버스에서 선택한 디자인 요소를 드래그하여 크기를 조정할 수 있습니다.

오토 레이아웃을 활용하는 방법은 Part 02, Chapter 01 오토 레이아웃(p.55)에서 더 자세히 알아볼 수 있습니다.

3) **Appearance**(모양): 디자인 요소의 투명도, 모서리 반경, 그림자 등을 조절합니다.

① Opacity(투명도): 오브젝트의 투명도를 퍼센트로 조정합니다.

② Corner Radius(모서리 둥글기): 숫자를 입력하거나 슬라이더를 사용해 요소의 모서리 둥글기를 조절할 수 있으며, [Individual corners] 버튼을 눌러 모서리 각각의 둥글기를 다르게 설정할 수 있습니다.

③ Apply blend mode(혼합모드 적용): 선택한 레이어에 대해 Multiply, Screen, Overlay 등 다양한 시각 효과를 적용할 수 있습니다.

4) Fill(채우기): 디자인 요소의 채우기 색상을 지정하고 조정합니다.

Color Picker(색상 피커)에서 색상을 선택하거나 원하는 색상 코드를 입력합니다. Gradient 옵션을 활용하거나 색상 대신 이미지로 채울 수도 있습니다.

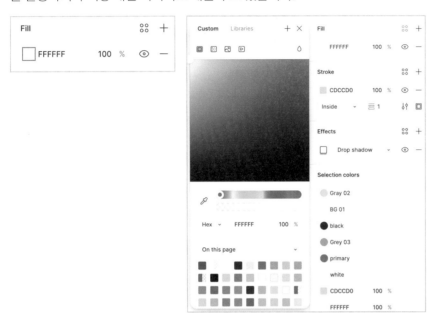

5) Stroke(윤곽선): 디자인 요소의 윤곽선을 설정하고 조정합니다.

테두리의 두께와 색상, 위치(Inside/Center/Outside)를 설정할 수 있습니다. [Stroke settings]에서 점선 스타일을 적용하는 것도 가능합니다.

6) **Effects**(효과): 디자인 요소에 다양한 효과를 적용하고 효과의 강도, 각도, 거리를 조정합니다.

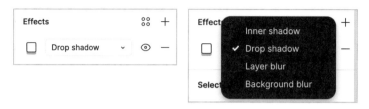

[Inner shadow]와 [Drop shadow]로 그림자 효과를 적용하고, [Layer blur]와 [Background blur]로 흐림 효과를 적용할 수 있습니다.

7) **Selection colors**(선택 색상): 선택한 요소에 적용된 모든 색상을 확인하고 일괄적으로 변경할 수 있습니다.

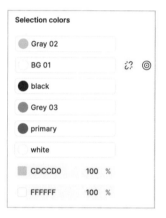

8) **Layout grid**(레이아웃 그리드): 프레임에 그리드를 설정하여 정렬과 비율을 조정하는 데 사용합니다.

Grid(그리드): 그리드의 간격, 크기, 컬럼 등을 설정할 수 있습니다. [Layout grid settings]를 선택하고 세부 설정을 조정하여 그리드를 적용합니다.

Columns(컬럼): 그리드에서 컬럼 수와 간격, 여백을 설정할 수 있습니다.

Rows(행): 행의 수와 간격을 설정할 수 있습니다.

9) **Export**(내보내기): 선택한 요소를 이미지 또는 PDF 형식으로 내보낼 수 있습니다. 이미지의 해상도(1x, 2x, 3x 등)와 파일 형식(PNG, JPG, SVG, PDF)을 선택합니다. 미리보기로 내보낼 이미지를 사전에 확인하고 추출합니다.

Prototype

[Prototype] 탭에서는 디자인 요소 간의 상호작용을 설정하여 프로토타입을 만들 수 있습니다. 캔버스에서 화살표로 객체들을 연결하고, Click, Hover, Drag와 같은 트리거와 액션을 설정합니다. 프로토타입의 상세 내용은 Part 02, Chapter 03 프로토타입(p.107)에서 더 자세히 알아볼 수 있습니다.

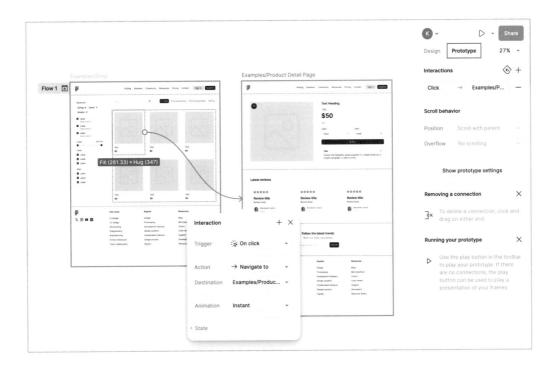

02 도구

피그마의 주요 기능을 실행할 수 있는 도구에 대해 살펴봅니다.

Main menu

좌측 사이드바에서 피그마 로고 아이콘을 선택하면 메인 메뉴를 탐색할 수 있습니다. 검색 기능과 카테고리별 기능이 메뉴로 제공됩니다.

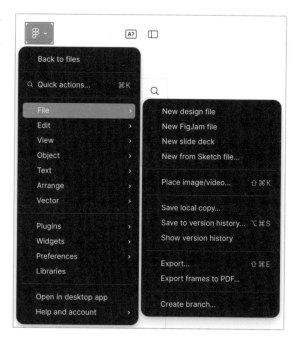

	주요 메뉴	설명	단축키
File	Save local copy	.fig 형식으로 로컬 복사본 저장	
	Save to version history	파일의 현재 상태를 저장하여 버전 히스토리에 추가	⌥ Opt + ⌘ Cmd + S / Alt + Ctrl + S

File	Export	PNG, JPG, SVG 등 다양한 형식으로 내보내기	⇧ Shift + ⌘ Cmd + E / Shift + Ctrl + E
	Export frames to PDF	현재 페이지에 있는 프레임들을 하나의 PDF 형식으로 내보내기	
	Place Image	이미지를 선택한 위치에 삽입	⇧ Shift + ⌘ Cmd + K / Shift + Ctrl + K
Edit	Undo	마지막으로 실행한 작업 취소	⌘ Cmd + Z / Ctrl + Z
	Redo	실행 취소한 작업을 다시 실행	⇧ Shift + ⌘ Cmd + Z / Shift + Ctrl + Z
	Duplicate	선택한 객체를 동일한 위치에 복제	⌘ Cmd + D / Ctrl + D
View	Pixel Grid	픽셀 그리드를 표시/숨기기	⇧ Shift + '
	Layout Grids	레이아웃 그리드 표시/숨기기	⇧ Shift + G
	Rulers	눈금자 표시/숨기기	⇧ Shift + R
	Comments	파일에 달린 댓글 표시/숨기기	⇧ Shift + C
	Show/Hide UI	피그마 인터페이스 표시/숨기기	⌘ Cmd + ₩ / Ctrl + ₩
	Zoom to 100%	화면을 100% 크기로 설정	⌘ Cmd + 0 / Ctrl + 0
	Zoom to Fit	전체 작업 영역을 화면에 맞춰 확대/축소	⌘ Cmd + 1 / Ctrl + 1
	Zoom to Selection	선택한 객체로 화면 확대/축소	⌘ Cmd + 2 / Ctrl + 2
Object	Frame Selection	선택한 객체를 프레임으로 설정	⌥ Opt + ⌘ Cmd + G / Alt + Ctrl + G
	Group Selection	선택한 객체 그룹화	⌘ Cmd + G / Ctrl + G
	Ungroup Selection	그룹 해제	⌘ Cmd + Delete / Ctrl + Delete
	Add Auto Layout	선택한 객체에 자동 레이아웃 추가	⇧ Shift + A
	Create Component	선택한 객체 컴포넌트화	⇧ Opt + ⌘ Cmd + K / Alt + Ctrl + K
	Bring to Front	선택한 객체를 맨 앞으로 보내기	]
	Send to Back	선택한 객체를 맨 뒤로 보내기	[
	Flip Horizontal	선택한 객체를 수평 방향으로 뒤집기	⇧ Shift + H
	Flip Vertical	선택한 객체를 수직 방향으로 뒤집기	⇧ Shift + V

Move tools

1) **Move**(이동): 레이어를 선택하고 재정렬하거나 캔버스에서 요소를 이동할 수 있습니다.

2) **Hand tool**(핸드 도구): 드래그하여 캔버스를 움직일 수 있습니다.

3) **Scale**(스케일): 요소나 레이어의 크기를 비율로 조정할 수 있습니다. 단축키 K를 누르고 직접 드래그하여 사이즈를 조정할 수도 있고, [Scale] 패널에서 비율을 입력하거나 원하는 너비, 높이, 길이를 입력할 수도 있습니다.

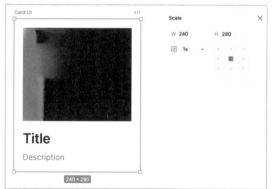

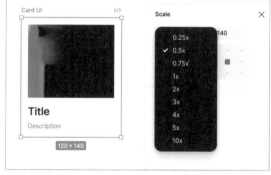

Region tools

1) **Frame**(프레임): 프레임은 포토샵이나 일러스트레이터에서 사용되는 개념인 아트보드와 유사하며, 디자인 요소를 감싸는 컨테이너 역할을 합니다. 프레임 도구를 선택한 상태에서 캔버스에서 드래그하거나 프레임 프리셋 목록 중 하나를 선택하여 프레임을 생성할 수 있습니다.

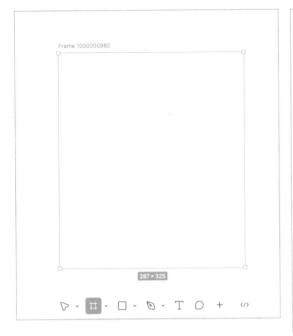

2) **Section**(섹션): 관련된 내용을 그룹화하고 레이블을 붙일 수 있습니다.

3) **Slice**(슬라이스): 내보내고자 하는 영역을 드래그하여 지정합니다.

Shape tools

1) **Rectangle**(사각형), **Line**(선), **Arrow**(화살표), **Ellipse**(타원), **Polygon**(다각형), **Star**(별): 원하는 기본 도형을 선택하고 캔버스에서 드래그하여 도형을 생성합니다.

2) **Image/video...**(이미지/영상 배치): 원하는 위치에 이미지 또는 영상 파일을 배치할 수 있고, 여러 이미지를 선택하여 배치할 수 있습니다.

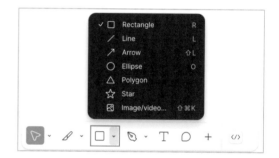

Creation tools

1) **Pen**(펜): 벡터 경로를 생성하여 형태를 그립니다. 앵커 포인트를 추가할 수 있고, 베지어 곡선을 활용할 수 있습니다.

2) **Pencil**(연필): 낙서하듯 자유롭게 그리거나 표시할 수 있고, 연필 도구로 그린 형태는 스무딩이 적용되어 자연스러운 곡선으로 표현됩니다.

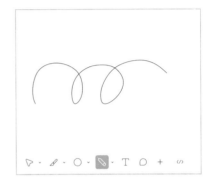

Text

[Text] 툴 선택 후 바로 텍스트를 입력하거나, 드래그하여 텍스트 박스 생성 후 텍스트를 입력할 수 있습니다.

Insert

Components, Plugins, Widgets 중 한 개의 탭을 선택하여 필요한 리소스를 찾아 배치하거나 실행할 수 있습니다.

1) **Components**(컴포넌트): 로컬 파일의 컴포넌트 또는 팀 라이브러리에서 공유된 컴포넌트를 탐색하고 선택합니다.

2) **Plugins**(플러그인): 아이콘 라이브러리, 화질 개선, 커넥터 연결 등 작업 효율을 높여주는 다양한 무료/유료 플러그인을 설치할 수 있습니다.

3) **Widgets**(위젯): 투표 시스템, 차트 등 추가 기능을 제공하는 무료/유료 위젯을 실행할 수 있습니다.

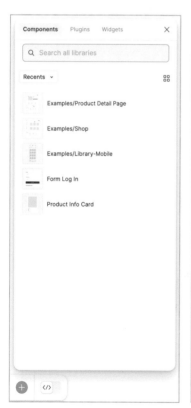 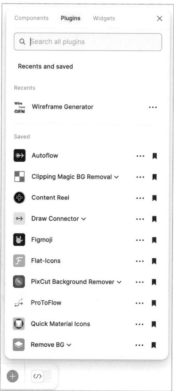 

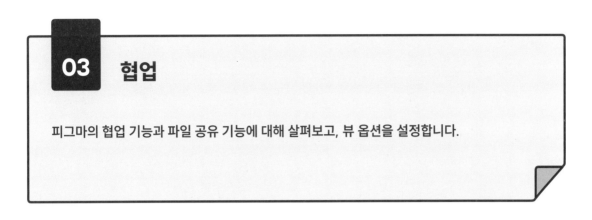

03 협업

피그마의 협업 기능과 파일 공유 기능에 대해 살펴보고, 뷰 옵션을 설정합니다.

Collaborate

실시간으로 파일에서 작업중인 멤버가 아바타로 표시됩니다. 원격으로 작업하거나 회의를 진행할 때, 동일한 화면을 보고 싶다면, 아바타를 클릭하여 해당 멤버의 작업을 따라갈 수 있습니다.

Comment

캔버스 내 원하는 위치에 코멘트와 답글을 작성할 수 있습니다.

Share

우측 사이드바의 [Share] 버튼을 클릭하여 초대할 사람의 이메일 주소를 입력하고 접근 권한(보기, 편집 등)을 설정한 후 초대장을 보냅니다. 파일을 공유받을 이메일 계정을 입력하거나 [Copy link]를 눌러 파일에 접근 가능한 링크를 생성합니다. 공유 옵션 설정 시 보기 권한(can view) 또는 편집 권한(can edit) 중 하나를 선택합니다. 개인 작업을 위한 드래프트 파일은 보기 권한으로만 공유 가능합니다. 편집 권한으로 공동 작업을 원한다면 파일을 팀 프로젝트 폴더로 이동시켜야 합니다.

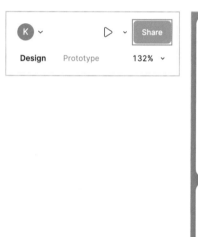 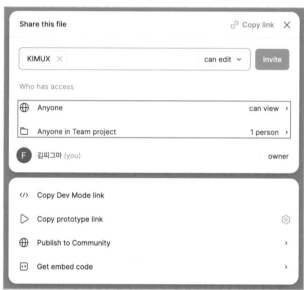

Dev Mode

툴바의 토글 버튼을 누르면 디자이너와 개발자가 원활하게 협업할 수 있는 [Dev Mode]로 전환할 수 있습니다. [Inspect] 패널을 통해 개발자들이 디자인 요소의 크기, 위치, 색상, 텍스트 스타일 등 상세 정보를 파악할 수 있으며, 디자인에 대해 CSS, iOS, Android 코드를 자동 생성하기 때문에 개발에 용이합니다. 단, [Dev Mode]는 Professional 및 Organization 요금제에서만 사용 가능합니다.

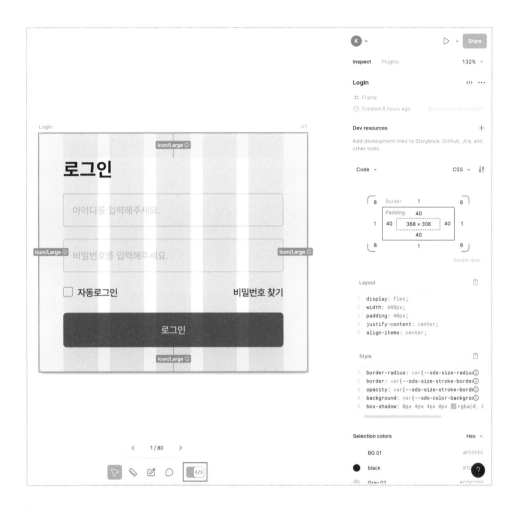

실습 피그마 로고 만들기

피그마의 [Shape tools]를 활용해 로고를 만들고 도형의 속성을 다양하게 설정해봅니다.

★ **실습 파일**: [오늘부터 피그마] Part 01 & 02 실습 통합본 – 피그마 로고 만들기

01

단축키 F를 눌러 우측 사이드바에서 Phone, Tablet, Desktop 각각에 맞는 프레임 템플릿 목록을 확인할 수 있습니다. [iPhone 13 & 14]를 선택하면 해당 사이즈에 맞는 프레임이 캔버스에 생성됩니다.

02

툴 바에서 [Rectangle] 선택 후 캔버스에서 드래그하여 사각형을 그립니다. 사각형의 너비(W), 높이(H)를 '100'으로 조정합니다.

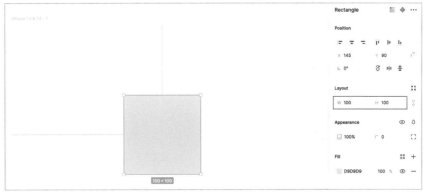

03

둥근 모서리값을 각각 다르게 설정하기 위해 [Individual corners] 아이콘을 선택합니다. 상단 좌측(Top left)과 하단 좌측(Bottom left) 모서리의 [Corner radius] 값을 '80'으로 설정합니다.

04-1

03에서 만든 도형을 선택한 상태에서 Option / Alt 를 눌러 복제합니다.

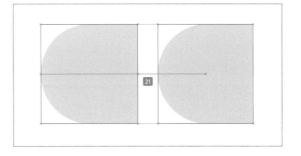

04-2

복제한 오브젝트를 선택하고 [마우스 우클릭] – [Flip horizontal] 또는 Shift + H 를 눌러 좌우로 뒤집습니다.

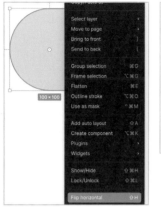 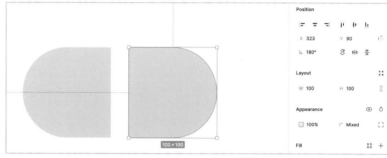

05

툴 바에서 [Ellipse] 선택 후 드래그하여 가로(W) 100, 세로(H) 100 길이의 원을 그립니다.

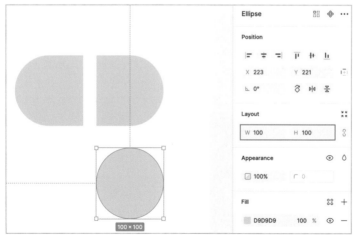

06

03에서 만든 도형을 두 번 더 복제하고, 마지막으로 복제한 도형은 [Corner radius] 값을 조정합니다.

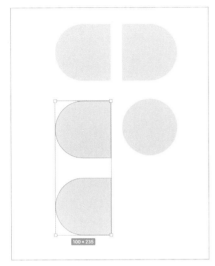

07

각 도형의 형태가 완성되면 도형을 드래그하여 정렬에 맞게 배치시킵니다.

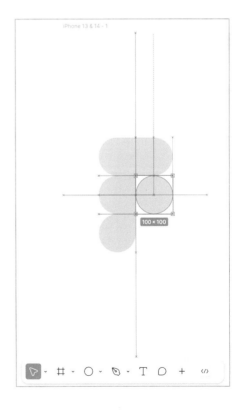

08-1

첫 번째 도형을 선택하고 [Fill] 색상을 'F24E1E'로 지정합니다. [Stroke]의 [+] 버튼을 클릭해 두께가 '5'인 테두리를 추가하고, 색상을 'FF825E'로 설정합니다.

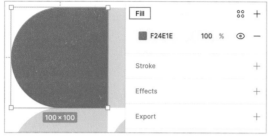 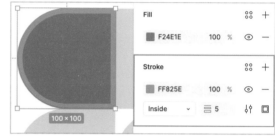

08-2

나머지 도형들도 차례대로 [Fill]과 [Stroke]의 색상을 설정합니다.

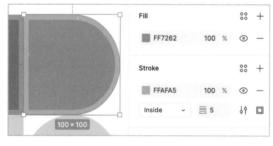 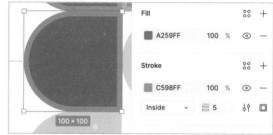

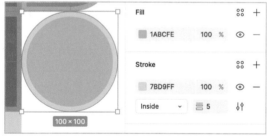 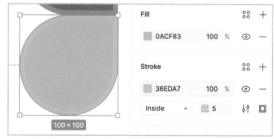

09

모든 도형을 선택하고 [마우스 우클릭] – [Group Selection]을 눌러 그룹화합니다.

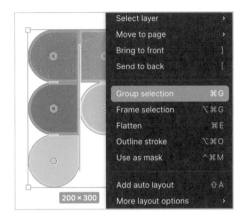

좌측 레이어에서 도형들이 하나의 그룹 레이어로 묶인 것을 확인하고, 이름을 변경합니다.

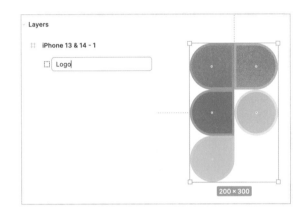

10

그룹 선택 후 효과(Effects)를 추가하여 로고에 전체적으로 [Drop shadow]를 적용합니다.

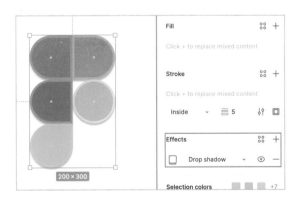

11

프레임명을 변경한 후 완성된 화면을 선택하여 [Export] 패널에서 [+]를 누릅니다. [Export] 패널에서 추출할 이미지의 배율과 이미지 형식(PNG, JPG, SVG, PDF)에 대한 옵션을 설정하고 미리보기를 확인합니다.

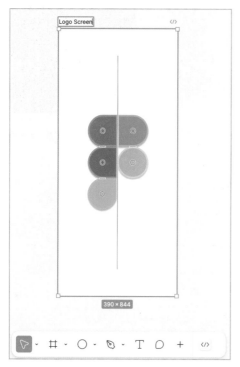

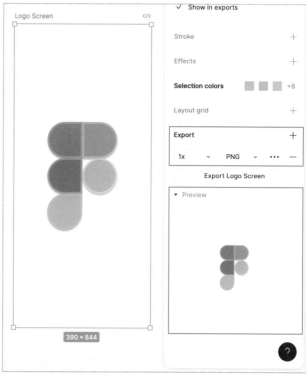

옵션 설정 후 파일을 내보낼 위치를 지정합니다.

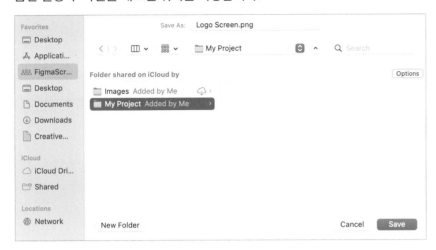

내보낸 이미지를 확인합니다.

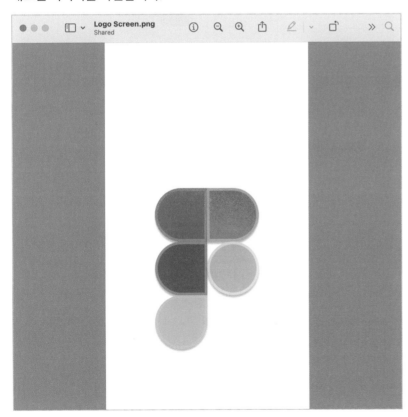

Deep Dive 피그마 커뮤니티

피그마 커뮤니티를 통해 유용한 리소스를 탐색하고 개인 작업에 활용할 수 있습니다.

피그마 홈 접속 시 상단 좌측의 지구본 아이콘 또는 하단의 [Explore Community] 버튼을 통해 피그마 커뮤니티에 접속할 수 있습니다. 피그마 커뮤니티는 디자이너와 개발자들이 만든 디자인 파일, 플러그인, 위젯, 템플릿 등을 공유하는 공간입니다.

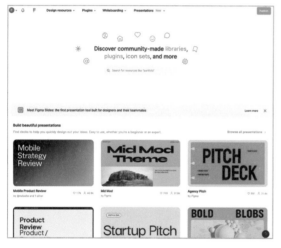

직접 검색어를 입력할 수도 있지만 상단 메뉴인 Design resources, Plugins, Whiteboarding, Presentations과 같은 큰 주제에 따라 리소스를 탐색해보는 것도 좋습니다.

[Design Resources] – [Design templates]를 선택하면 디자인 파일과 템플릿, 플러그인, 위젯이 추천 순으로 노출되며, 파일 유형이나 무료/유료 여부 등에 따른 필터링도 가능합니다. 파일 유형은 파일, 플러그인, 위젯으로 구분됩니다.

- Files: 여러 페이지와 컴포넌트 등 디자인 작업물 전체가 포함되어있는 피그마 디자인 파일(예. 웹 사이트 리디자인)
- Plugins: 피그마에서 디자인 작업시 추가로 기능이 필요할 때 실행시키는 도구(예. 색상 팔레트 자동 생성)
- Widgets: 피그마 또는 피그잼에서 사용할 수 있는 UI(예. 캘린더 위젯, 투표 위젯)

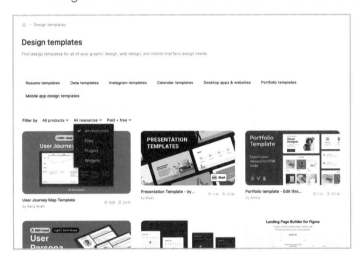

대부분의 파일은 디자이너나 팀에서 개별적으로 제작해서 업로드되지만 Apple, Microsoft와 같이 IT 기업에서 배포한 품질 높은 공식 리소스를 사용할 수도 있습니다. 우리에게 익숙한 제품들이 어떤 UI들로 구성되어있는지 살펴보고 학습하는 것을 추천합니다.

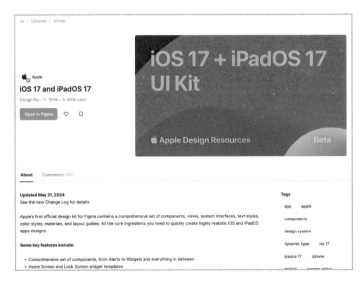

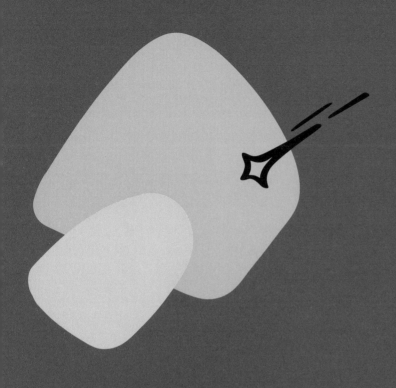

02

PART 02

만들면서 배우는
피그마

chapter
01

오토 레이아웃

오토 레이아웃 이해하기

쉽고 빠르게 짜임새 있는 화면을 만들기 위해 오토 레이아웃 기능을 사용합니다. 오토 레이아웃의 기본 작동 방법과 구성요소를 알아봅니다.

오토 레이아웃(Auto layout)

오토 레이아웃은 디자인 요소의 위치와 간격 등을 자동(Auto)으로 구성(Layout)해주는 기능입니다. 이를 통해 간격 및 여백 등을 수동으로 조정할 필요 없이 화면을 효율적으로 구성할 수 있습니다. 또한, 프레임 사이즈가 변경될 때 달라진 사이즈에 맞춰 레이아웃이 자동으로 조정됩니다.

오토 레이아웃 설정방법: 오토 레이아웃을 적용할 프레임 또는 디자인 요소를 모두 선택한 후 [Auto layout]- [Use auto layout] 버튼을 클릭합니다. 오토 레이아웃 설정은 자주 사용하는 기능으로, 단축키(Shift + A)를 알아두는 것을 추천합니다.

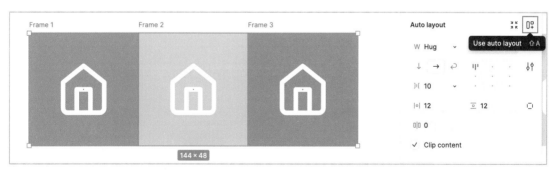

오토 레이아웃 해제하기: 오토 레이아웃이 적용된 프레임을 다시 선택하고 [Remove auto layout] 버튼을 누릅니다.

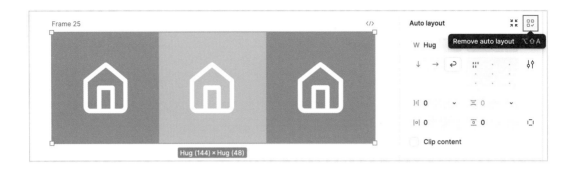

오토 레이아웃의 구성요소

우측 사이드바의 [Design] – [Auto layout]에서 리사이징 옵션, 정렬 방향, 요소 간 간격, 요소의 좌우/상하 여백, 프레임 내 배치, 콘텐츠 클립 여부를 관리할 수 있습니다. 리사이징 옵션은 Lesson 02, 반응형 UI 만들기(p. 70)에서 더 자세히 다룹니다.

1) **Direction**(레이아웃 방향): 디자인 요소의 배치 방향을 세로, 가로, 줄바꿈 중 하나로 결정합니다.

   ① Vertical layout(세로 정렬): 아이템을 세로 방향으로 정렬합니다.

② Horizontal layout(가로 정렬): 아이템을 가로 방향으로 정렬합니다.

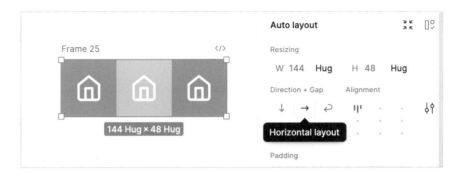

③ Wrap(줄바꿈 정렬): 지정된 공간 내에서 요소들이 자동으로 줄바꿈 됩니다. 공간의 가로 또는 세로 영역이 부족해지면 요소들이 자동으로 다음 줄로 배치됩니다.

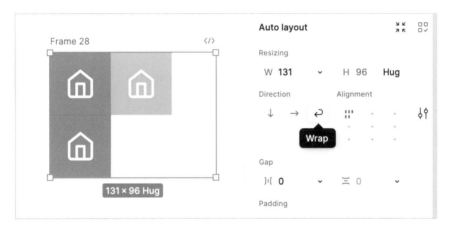

2) **Gap**(간격): 디자인 요소가 배치될 때 요소 사이의 간격을 결정합니다.

① Horizontal gap between objects(가로 간격): 요소가 가로 방향으로 배치될 시, 요소 사이의 간격을 설정할 수 있습니다.

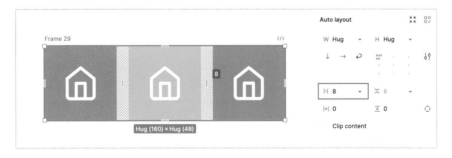

② Vertical gap between objects(세로 간격): 요소가 세로 방향으로 배치될 시, 요소 사이의 간격을 설정할 수 있습니다.

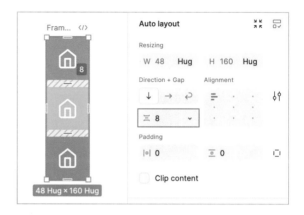

③ Auto(자동 간격): 프레임 너비를 기준으로 요소들 사이의 간격을 동일하게 배치할 수 있습니다. 프레임의 크기가 변경되어도 요소들 간의 간격이 자동으로 재조정됩니다.

④ 줄바꿈 정렬을 사용할 시에는 요소의 가
로/세로 간격을 모두 설정할 수 있습니다.

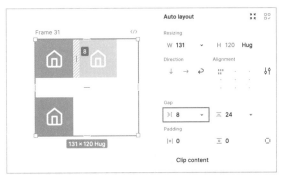

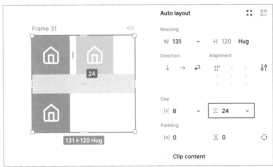

3) **Padding**(여백): 디자인 요소의 좌측, 우측, 상단, 하단 여백을 결정합니다.

① Horizontal padding(좌/우 여백): 디자인 요소의 좌측, 우측 여백을 조절합니다.

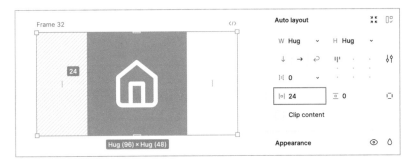

② Vertical padding(상하 여백): 디자인
요소의 상단, 하단 여백을 조절합니다.

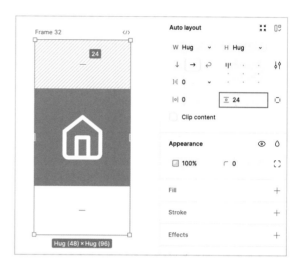

③ Individual padding(개별 패딩): 버튼 클릭 시, 좌측/우측/상단/하단의 여백(Padding)을 각각
조절할 수 있습니다.

● 왼쪽, 오른쪽 여백을 다르게 조절

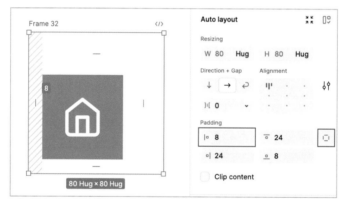

❷ 위, 아래 여백을 다르게 조절

4) **Alignment**(정렬): 디자인 요소들이 프레임 내에서 어떻게 정렬될지 결정합니다.

① Align top left(위/왼쪽 정렬)

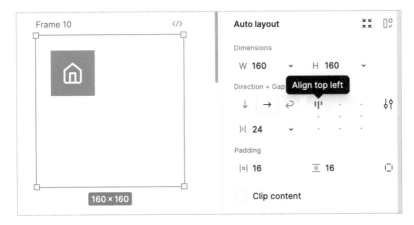

② Align center(중앙 정렬)

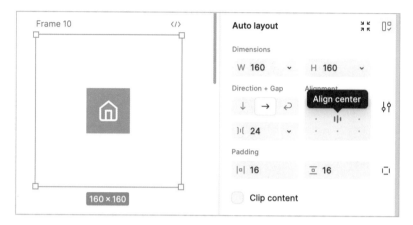

③ Align bottom right(아래/오른쪽 정렬)

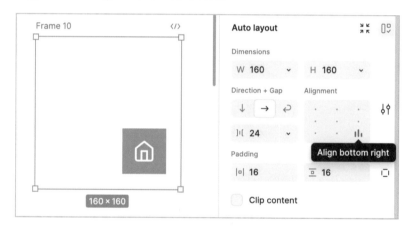

5) **Clip content**: 프레임을 벗어나는 콘텐츠를 잘라, 프레임 내부 영역에만 콘텐츠가 표시되도록 합니다.

① Clip content 옵션을 체크했을 때

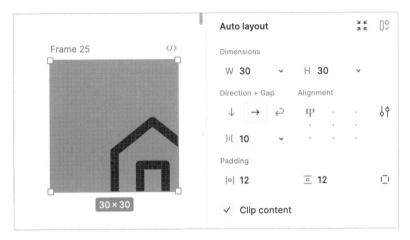

② Clip content 옵션을 해제했을 때

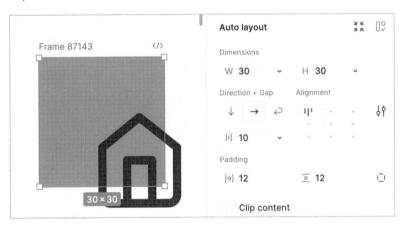

실습 썸네일 리스트 정렬하기

오토 레이아웃 기능을 통해 썸네일 아이템을 정렬해 봅니다.

★ **실습 파일**: [오늘부터 피그마] Part 01 & 02 실습 통합본 – 썸네일 리스트 정렬하기

01

첫 번째 예제의 이미지와 텍스트를 드래그하여 선택하고, [Auto Layout] – [Use auto layout] 버튼 클릭 혹은 단축키 Shift + A 를 입력하여 오토 레이아웃을 적용합니다.

02

두 번째 예제의 이미지와 텍스트를 선택하고, 오토 레이아웃을 적용합니다. [Auto layout] – [Vertical gap between objects]의 값을 '12'로 변경합니다.

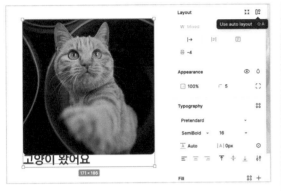

03

세 번째 예제도 마찬가지로 오토 레이아웃을 적용합니다. 이미지와 텍스트 모두 선택 후 [Vertical layout]을 클릭하여 텍스트가 이미지 하단에 위치하도록 레이아웃 방향을 변경합니다.

04

네 번째 예제도 마찬가지로 오토 레이아웃을 적용합니다. ⌘(Cmd)/Ctrl을 누른 상태에서 텍스트를 클릭하여 프레임 내부의 텍스트를 선택하고 키보드의 아래 방향키(↓)를 누릅니다. 프레임 안에서 텍스트 레이어 위치가 이미지 레이어 아래로 변경된 것을 확인합니다.

05

다섯 번째 예제도 오토 레이아웃을 적용한 후, [Vertical layout]을 선택합니다. 텍스트를 클릭하고 키보드 아래 방향키(↓)를 이용해 텍스트 레이어의 위치를 이미지 레이어 아래로 변경합니다.

06

이미지와 텍스트를 정렬한 썸네일 아이템을 5개 모두 선택하고, 오토 레이아웃을 적용합니다. [Auto layout] 패널의 가로 간격에 '16'를 입력하여 아이템 사이의 간격을 16px로 변경합니다.

07

[Auto layout] 패널의 줄바꿈(Wrap)을 클릭하고, 프레임을 선택하여 너비를 조절해 봅니다. 너비가 줄어듦에 따라 썸네일 아이템이 하단으로 이동합니다.

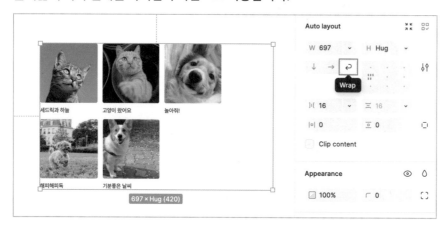

08

[Auto layout] – [Vertical gap between rows]의 값을 '24'로 조정합니다. 오토 레이아웃 적용이
완료된 화면에서는 디자인 요소 간 간격 및 순서 등을 손쉽게 조정할 수 있습니다.

02 반응형 UI 만들기

다양한 화면 크기에 대응할 수 있는 반응형 UI에 대해 알아보고, 이를 제작하기 위한 컨스트레인트와 리사이징 개념을 익혀봅니다.

반응형 UI

반응형 UI는 다양한 화면 크기에 맞춰 디자인 요소의 레이아웃이 자동으로 조정되는 디자인 방식입니다. 최근 모바일, 태블릿, 데스크톱 등 여러 환경에서 서비스를 제공해야 하는 수요가 증가하면서, 다양한 해상도에서 일관된 사용자 경험을 제공하는 것이 필수가 되었습니다. 피그마에서는 컨스트레인츠 (Constraints)와 리사이징(Resizing) 기능을 활용해 반응형 UI를 보다 손쉽게 구현할 수 있습니다.

컨스트레인츠(Constraints)

컨스트레인츠는 프레임의 크기가 변경될 때, 디자인 요소의 위치와 크기가 어떻게 반응할지 정의하는 기능입니다. 이를 통해 아이템이 특정 방향에 고정되고, 프레임의 크기 변화에 따라 위치가 유동적으로 변경됩니다. 컨스트레인츠는 오토 레이아웃 여부와 상관없이 사용할 수 있습니다.

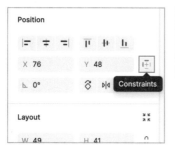 

1) **Horizontal constraints**(좌우 컨스트레인츠): 프레임의 좌우 변화에 따라 요소가 어떻게 반응할지 설정합니다.

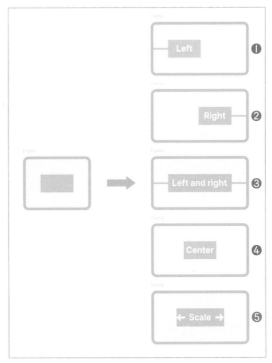

❶ Left: 요소가 프레임 크기 변화에 상관 없이 프레임의 왼쪽에 고정됩니다.
❷ Right: 요소가 프레임 크기 변화에 상관 없이 프레임의 오른쪽에 고정됩니다.
❸ Left and right: 요소가 프레임의 왼쪽과 오른쪽 모두에 고정되어, 프레임 크기에 따라 좌우 여백을 유지한 채 너비가 자동으로 조정됩니다.
❹ Center: 요소가 프레임 크기 변화에 상관없이 프레임의 가로축 중앙에 고정됩니다.
❺ Scale: 요소의 위치와 크기가 좌우에 고정되는 것이 아니라, 프레임의 크기 변화에 따라 비례적으로 확장되거나 축소됩니다.

2) **Vertical constraints**(상하 컨스트레인트): 프레임의 상하 크기 변화에 따라 요소가 어떻게 반응할지 설정합니다.

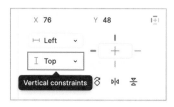
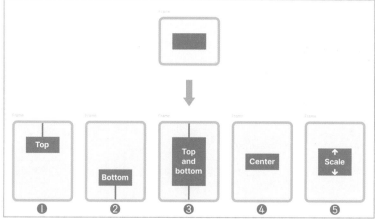

❶ Top: 요소가 프레임 크기 변화에 상관 없이 프레임의 상단에 고정됩니다.
❷ Bottom: 요소가 프레임 크기 변화에 상관 없이 프레임의 하단에 고정됩니다.
❸ Top and bottom: 요소가 프레임의 상단과 하단 모두에 고정되어, 프레임 크기에 따라 상하 여백을 유지한 채 너비가 자동으로 조정됩니다.
❹ Center: 요소가 프레임 크기 변화에 상관없이 프레임의 세로축 중앙에 고정됩니다.
❺ Scale: 요소의 위치와 크기가 상하에 고정되는 것이 아니라, 프레임의 크기 변화에 따라 비례적으로 확장되거나 축소됩니다.

리사이징(Resizing)

리사이징은 컨테이너의 크기가 조절될 때, 내부 콘텐츠의 크기가 조정되는 방식을 정의하는 기능입니다. 리사이징을 적용하기 위해서는 디자인 요소가 오토 레이아웃을 통해 콘텐츠와 컨테이너로 구성되어야 합니다. 이는 반응형 UI뿐만 아니라, 오토 레이아웃 기능을 활용하는 디자인 시 자주 사용되는 중요한 개념이므로 잘 이해해두는 것이 좋습니다.

1) **Contents**(콘텐츠): 오토 레이아웃이 적용된 프레임 내부의 텍스트, 이미지, 아이콘, 버튼 등 사용자가 디자인하며 다루는 모든 요소를 뜻합니다.

2) **Container**(컨테이너): 콘텐츠를 감싸고 있는 프레임을 의미합니다.

리사이징 옵션

리사이징 옵션을 통해 콘텐츠와 컨테이너의 관계를 설정할 수 있습니다. [Layout] 혹은 [Auto layout]의 [Resizing] 메뉴에서 옵션을 선택할 수 있으며, 가로와 세로 각각 설정 가능합니다.

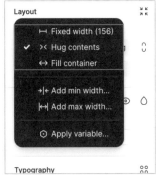

1) **Fixed width**: 프레임의 너비가 사용자가 지정한 크기로 고정됩니다. 콘텐츠와 컨테이너 모두 선택 가능한 옵션입니다.

2) **Hug contents**: 내부 콘텐츠의 크기에 맞춰 프레임의 너비가 자동으로 조정됩니다. 콘텐츠와 컨테이너 모두 선택 가능한 옵션입니다.

3) **Fill container**: 콘텐츠가 컨테이너의 크기에 맞춰 자동으로 조정됩니다. 이 옵션은 콘텐츠만 선택 가능하며, 이때 컨테이너의 너비는 Fixed width로 미리 지정되어야 합니다.

콘텐츠의 리사이징 옵션을 기준으로, 선택 가능한 컨테이너의 리사이징 옵션을 이어서 살펴봅니다.

1) **콘텐츠의 리사이징 옵션**이 [**Hug contents**]일 때:

컨테이너는 [Hug contents] 및 [Fixed width] 옵션을 선택할 수 있습니다. 컨테이너가 [Hug contents]일 경우, 변경되는 콘텐츠의 너비에 맞춰 컨테이너의 너비가 함께 조정됩니다. 컨테이너가 [Fixed width]일 경우에는 콘텐츠의 너비에 상관없이 사용자가 지정한 크기가 컨테이너의 너비로 설정됩니다.

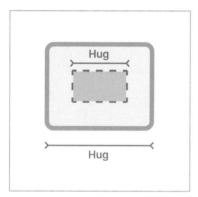 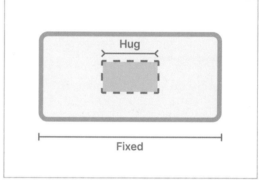

2) **콘텐츠의 리사이징 옵션**이 [**Fixed width**]일 때:

컨테이너는 [Hug contents] 혹은 [Fixed width] 옵션을 선택할 수 있습니다. 컨테이너가 [Hug contents]일 경우, 사용자가 지정한 콘텐츠의 너비에 맞춰 컨테이너의 너비가 설정됩니다. 컨테이너가 [Fixed width]일 경우에는 콘텐츠의 너비에 상관없이 사용자가 지정한 크기가 컨테이너의 너비로 설정됩니다.

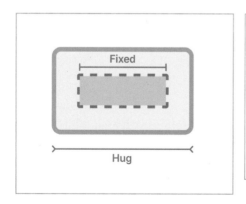 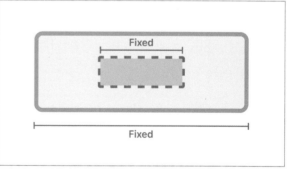

3) **콘텐츠의 리사이징 옵션**이 [**Fill container**] 일 때:

콘텐츠의 리사이징 옵션을 [Fill container]로 선택하기 위해서는 우선 ❶ 컨테이너의 리사이징 옵션을 [Fixed width]로 선택해야합니다. 이후, ❷ 콘텐츠의 옵션을 [Fill container]로 선택합니다. 컨테이너의 너비를 조정하면 콘텐츠의 너비가 그에 맞게 변경됩니다.

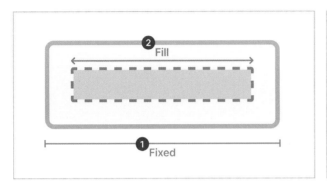 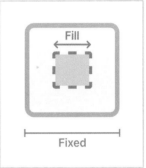

최대/최소 너비 및 높이

리사이징 옵션과 상관 없이 컨테이너 혹은 콘텐츠의 최대/최소 너비(Max/Min width)와 최대/최소 높이(Max/Min height)를 설정할 수 있습니다.

Min width/Min height(최소 너비/높이): 콘텐츠의 최소 너비 혹은 최소 높이를 설정하여, 설정한 크기 이하로 콘텐츠의 크기가 줄어들지 않도록 제한할 수 있습니다.

1) 컨테이너 크기가 줄어들면 콘텐츠의 크기가 함께 줄어듭니다.

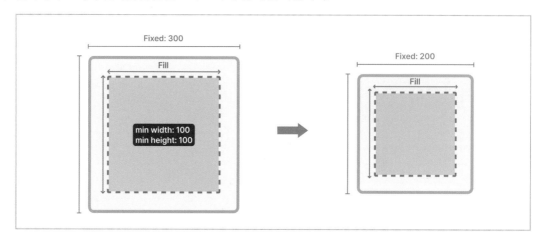

2) 컨테이너 크기가 '100' 이하로 줄어들 경우, 콘텐츠는 Min width/height인 '100' 이하로 줄어들지 않습니다.

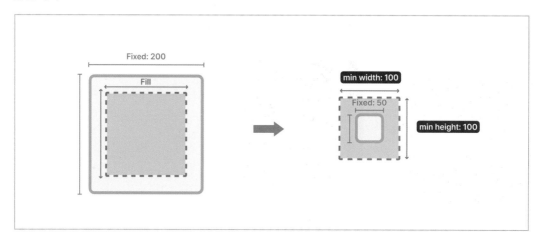

Max width/Max height(최대 너비/높이): 콘텐츠의 최대 너비 혹은 최대 높이를 설정하여, 설정한 크기 이상으로 콘텐츠의 크기가 커지지 않도록 제한할 수 있습니다.

1) 컨테이너 크기가 늘어나면 콘텐츠의 크기가 함께 늘어납니다.

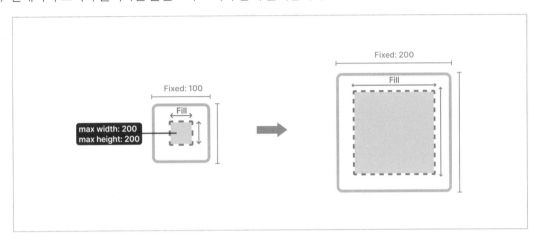

2) 컨테이너 크기가 '200' 이상으로 늘어날 경우, 콘텐츠는 Max width/height인 '200' 이상으로 늘어나지 않습니다.

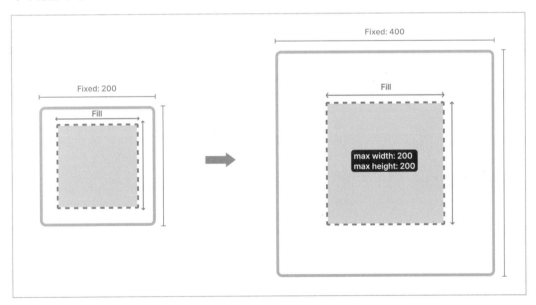

실습 내비게이션 바 만들기

내비게이션 바 제작을 통해 오토 레이아웃과 리사이징 옵션을 적용해보고, 화면 사이즈에 따라 변화하는 반응형 UI를 만들어봅니다.

★ **실습 파일**: [오늘부터 피그마] Part 01 & 02 실습 통합본 – 네비게이션 바 만들기

01

아이콘이 있는 모든 프레임을 선택하고, 오토 레이아웃을 적용합니다. 가로 리사이징 옵션을 [Fixed width]로 변경하고, 프레임의 너비를 '390'으로 설정합니다.

02

가로 간격 옵션을 [Auto]로 변경하여 너비에 맞춰 아이콘 간 간격을 넓혀줍니다. [Individual padding]을 클릭하고, 좌우 여백을 '40', 상/하 간격을 각각 '8', '27'로 설정합니다.

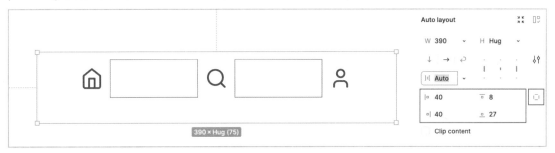

03

[Fill] - [+]를 클릭하여 색상(#FFFFFF)을 적용하고, [Effects] - [+]를 클릭하여 [Drop shadow] 효과를 추가합니다. [Drop shadow]의 Position Y 값을 '-2', Blur 값을 '20', Opacity를 '4%'로 조절합니다.

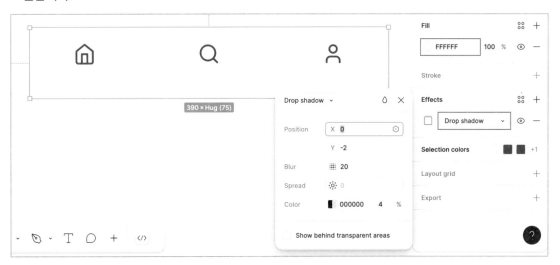

04

만들어진 내비게이션 바를 `Ctrl` + `X`를 이용해 잘라내고, 화면에 `Ctrl` + `V`를 통해 붙여넣습니다. [Position] – [Align horizontal centers]와 [Align bottom]을 클릭하여 내비게이션 바를 화면 중앙 하단에 정렬합니다.

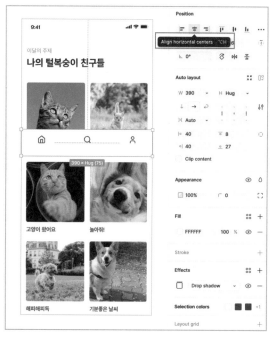 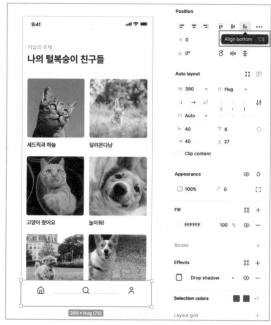

05

화면의 너비가 변경될 때 내비게이션의 너비가 맞춰서 조정되도록 내비게이션 바 선택 후 [Position] – [Constraints]를 활성화하고, [Horizontal Constraints]의 옵션을 [Left + Right]로 변경합니다.

06

'Content' 프레임도 마찬가지로 [Contstraints] – [Horizontal Constraints]의 옵션을 [Left + Right]로 변경합니다.

07

'Title' 프레임을 선택하고 리사이징 옵션을 [Fill container]로 변경합니다.

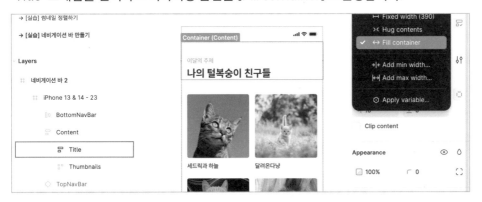

08

'Thumbnails' 프레임 또한 상위 레이어의 너비 변화에 대응하도록 리사이징 옵션을 [Fill container]로 변경합니다.

09

가장 상단에 있는 'iPhone 13 & 14' 프레임의 너비를 조절하면, 내부 디자인 요소들이 변경된 너비에 맞춰 자동으로 재배치됩니다. 너비를 태블릿 UI에서 자주 사용하는 '768'로 변경해 봅니다.

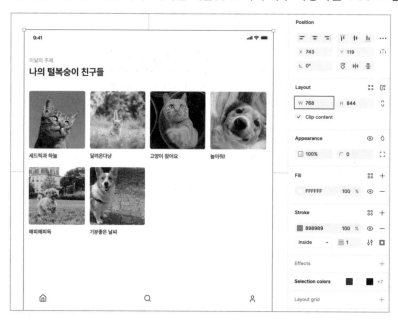

chapter
02

컴포넌트와 배리언츠

01 컴포넌트 이해하기

일관성과 효율성 있는 UI 디자인을 위해서는 컴포넌트 개념을 이해하고 활용하는 것이 중요합니다. 특히 마스터 컴포넌트와 인스턴트 컴포넌트의 차이를 익혀봅니다.

컴포넌트(Component)

컴포넌트는 **재사용 가능한 디자인 요소**입니다. 한번 만든 컴포넌트는 여러 페이지와 프로젝트에 걸쳐 재사용하여 같은 요소를 반복해서 만드는 수고를 줄일 수 있습니다. 또한, 컴포넌트를 사용하여 디자인할 때 일관된 룩앤필(Look and feel)을 통해 완성도를 높일 수도 있습니다. 즉, 컴포넌트는 디자인 작업의 효율성을 높이고 화면 간의 일관성을 유지하는 데 매우 중요한 역할을 합니다.

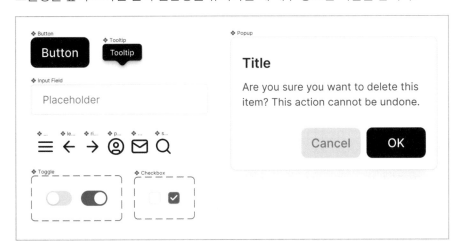

버튼, 아이콘, 입력 필드, 체크박스 등 UI 요소뿐만 아니라, 카드, 모달, 탭, 내비게이션 바와 같은 레이아웃 구성 요소도 컴포넌트로 만들었을 때 활용도가 높습니다. 디자인 작업을 진행하면서 필요한 컴포넌트들을 하나씩 추가해나갈 수도 있지만, 기본적인 UI 요소는 사전에 컴포넌트를 만들어 두어 시간을 절약할 수 있습니다.

마스터 컴포넌트(Master Component)와 인스턴스(Instance)

먼저, **마스터 컴포넌트**는 컴포넌트의 원본이자 템플릿입니다. 형태 및 크기, 색상, 텍스트 등 컴포넌트의 속성을 정의합니다.

인스턴스는 마스터 컴포넌트의 복사본입니다. 마스터 컴포넌트에서 이루어진 변경사항은 연결된 모든 인스턴스에 반영됩니다. 보통 디자인 작업을 할 때 마스터 컴포넌트들은 별도로 모아놓고, 개별적인 작업을 할 때는 인스턴스만을 사용합니다. 수백 개의 화면에 공통적으로 사용하게 되는 버튼 컴포넌트가 있을 때, 수정이 필요하다면 각 인스턴스가 아닌 마스터 컴포넌트만 수정하면 되기 때문입니다.

다음과 같이 마스터 컴포넌트의 색상을 일부 변경하면 연결된 인스턴스의 색상이 한번에 바뀌는 것을 확인할 수 있습니다.

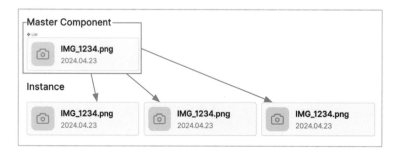

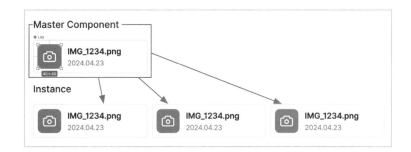

필요에 따라 각 인스턴스별 텍스트, 색상 등 특정 속성을 변경할 수 있습니다. 인스턴스별로 속성을 변경한 이후에 마스터 컴포넌트를 추가로 수정할 경우, 개별 인스턴스에서 수정한 부분은 유지됩니다.

다음과 같이 마스터 컴포넌트의 색상을 변경하더라도 개별 수정된 인스턴스는 기존 색상이 그대로 유지됩니다.

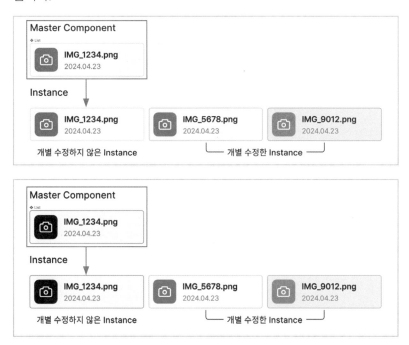

인스턴스 해제하기(Detach Instance)

인스턴스는 텍스트나 색상은 변경할 수 있지만, 인스턴스 내에서 레이아웃을 변경하거나 새로운 요소를 추가 또는 삭제하는 것은 제한되어 있습니다. 수정을 원할 경우, 마스터 컴포넌트와의 연결을 해제해야 합니다.

수정하고자 하는 인스턴스를 선택한 후, [마우스 우클릭] – [Detach Instance]를 클릭합니다. 인스턴스를 해제하고 나면 그룹이나 레이어로 변환되어 자유롭게 변형할 수 있으며, 마스터 컴포넌트의 변경사항이 더 이상 반영되지 않습니다. 한번 마스터 컴포넌트와의 연결을 해제하면 다시 복구할 수 없기 때문에 인스턴스 해제 기능은 꼭 필요할 때만 사용하는 것을 추천합니다.

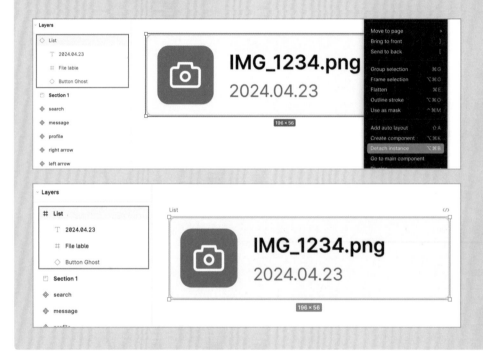

실습   카드 UI 만들기

마스터 컴포넌트와 인스턴스 개념에 대한 이해를 바탕으로 카드 UI를 컴포넌트로 만들어봅니다.

★ **실습 파일**: [오늘부터 피그마] Part 01 & 02 실습 통합본 – 카드 UI 만들기

01

실습파일에서 '진행중', '진행완료', '진행예정'에 해당하는 태그 UI를 선택한 후 [Create multiple components]를 클릭합니다. [Create component]는 선택한 UI를 하나의 컴포넌트로 만드는 반면, [Create multiple components]는 각 프레임별로 컴포넌트화합니다. 여러 개의 UI를 동시에 컴포넌트화할 때 유용합니다.

02

세 개의 태그 UI가 각각 컴포넌트화되어 총 3개의 마스터 컴포넌트가 생성됩니다.

03

마스터 컴포넌트를 복제해서 인스턴스를 사용
할 수도 있지만 [Assets] 탭에서 컴포넌트를 탐
색하고 원하는 컴포넌트의 인스턴스를 삽입할
수도 있습니다. [Assets] – [Created in this
file]에서 '진행예정', '진행완료', '진행중' 컴포
넌트 중 하나를 선택합니다.

[Insert instance]를 눌러 '진행 카드' UI의 빈 곳에 삽입합니다.

04

완성된 '진행 카드' UI를 선택하고 [마우스 우클릭] - [Create component]를 눌러 '진행 카드'의 마스터 컴포넌트를 생성합니다.

05

'진행 카드' 마스터 컴포넌트를 복제하여 두 개의 인스턴스를 추가합니다.

06

복제한 카드 UI에서 [Swap instance] 기능을 사용하면 레이아웃과 구조를 유지하면서 일부 요소를 수정할 수 있습니다. '진행중' 태그를 '진행예정' 태그로 교체하기 위해, 태그 인스턴스를 선택합니다. 우측 속성 패널에서 컴포넌트명을 클릭하여 [Swap instance] 패널로 진입합니다. 교체 가능한 컴포넌트 목록 중 '진행예정' 컴포넌트를 선택하여 교체합니다.

07

마찬가지로 다른 '진행 카드' 인스턴스의 '진행중' 태그를 선택하고 [Swap instance]를 눌러 '진행완료' 태그로 교체합니다.

마스터 컴포넌트를 실수로 삭제했을 때

마스터 컴포넌트를 실수로 삭제했을 경우, 남아있는 인스턴스를 사용하여 마스터 컴포넌트를 복구할 수 있습니다. 마스터 컴포넌트가 없는 인스턴스를 선택하면 우측 속성 패널에서 [Restore Component] 버튼을 확인할 수 있습니다.

[Restore Component]를 선택하면 마스터 컴포넌트가 복구되고, 인스턴스들과도 정상적으로 연결됩니다.

02 컴포넌트 배리언츠와 속성

컴포넌트의 배리언츠(Variants)와 속성(Properties)을 활용하면 더욱 다양하고 유연한 UI를 만들 수 있습니다. 하나의 컴포넌트로 다양한 상태와 스타일을 관리하는 방법을 배우고 실습을 통해 상태별 버튼을 만들어봅니다.

컴포넌트 세트(Component Set)와 배리언츠(Variants)

배리언츠는 동일한 유형의 여러 컴포넌트를 컴포넌트 세트로 그룹화하여 다양한 상태나 스타일을 쉽게 관리하는 데 사용됩니다. 예를 들어, 버튼 컴포넌트에 대해 기본(Default), 마우스 오버(Hover), 눌림(Pressed), 비활성화(Disabled) 등 상태별로 스타일을 다르게 적용하고 이를 컴포넌트 세트로 만들 수 있습니다.

1) 마스터 컴포넌트를 만들고 [Combine as variants]를 누르거나
2) 컴포넌트 세트로 만들고자 하는 디자인 요소들을 선택하여 [Create component set]를 누르면 상태별로 스타일이 다른 하나의 버튼 컴포넌트 세트가 완성됩니다.

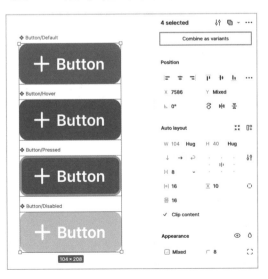
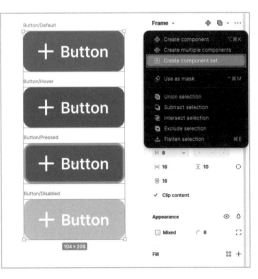

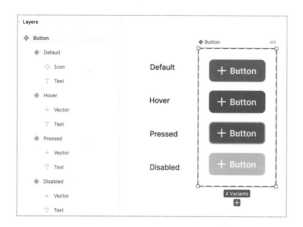

버튼 인스턴스를 활용할 때 우측 컴포넌트 패널에서 드롭다운 리스트를 통해 상태를 손쉽게 전환할 수 있습니다.

속성(Property)의 종류와 활용

컴포넌트의 속성을 활용하면 개별 컴포넌트의 특정 부분을 쉽게 수정하여 작업 효율을 높일 수 있습니다. 속성 유형은 다음과 같이 4가지로 분류됩니다.

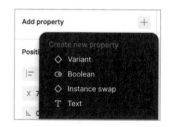

1) **Variant**는 상태, 색상, 크기에 따라 정의가 필요한 컴포넌트에서 주로 활용합니다.
   [Edit property] 아이콘을 선택하면 어떤 속성에 대한 값을 다르게 설정한 것인지 속성명을 수정할 수 있습니다. 예를 들어 속성 이름을 'Status'로 수정하여 상태별로 스타일을 정의했음을 확인할 수 있습니다.

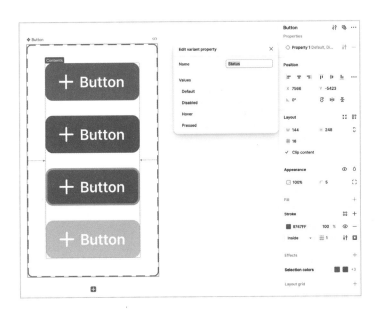

컴포넌트 세트 하단의 [+]를 클릭하면 첫 번째 컴포넌트가 세트에 추가되고, 세트 내 특정 컴포넌트를 선택하고 [+]를 클릭하면 선택한 컴포넌트가 세트에 추가됩니다.

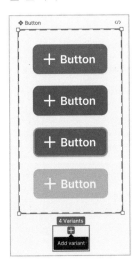 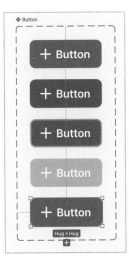 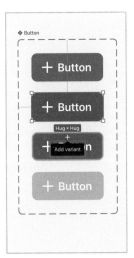 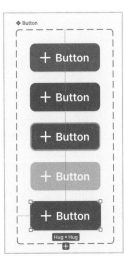

필요에 따라 속성을 추가하여 작업 효율을 더 높일 수도 있습니다. 주로 색상(Primary/Secondary), 사이즈(Large/Medium/Small), 상태(Default, Pressed, Disabled), 아이콘 유무(True/False) 등의 속성을 활용합니다.

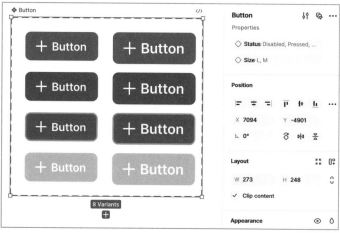

간혹 레이어명이 중복되거나, 레이어명의 형식이 잘못되었을 때 다음과 같은 오류 메시지가 나타납니다. 속성(Property)에 해당하는 값이 설정되지 않고 '–'로 표시된다면 드롭다운 목록에서 값을 선택해야 합니다. 또한, 레이어 형식이 '속성 = 값'에 어긋나지 않는지 레이어명을 다시 확인해보는 것이 좋습니다.

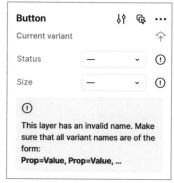

컴포넌트 세트 한 번에 수정하기

[Design] 탭에서 [Multi-edit variants] 버튼을 선택하여 Multi-edit 모드에 진입하면 선택한 컴포넌트를 일괄 수정할 수 있습니다. 수정을 마치면 하단의 Multi-editing 옆 [X] 버튼을 누릅니다.

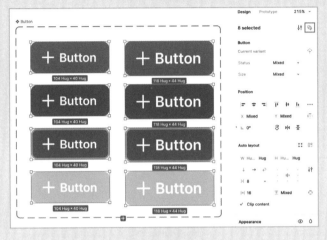

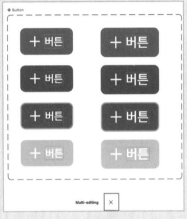

2) **Boolean**은 True/False 값을 설정하여 특정 부분을 숨기거나 보이게 만들 수 있습니다.

마스터 컴포넌트에서 Boolean으로 설정할 요소를 선택하고 [Appearance] – [Apply variable/property] 아이콘을 선택한 후 [New variable/property]를 클릭합니다.

속성명을 'Required'로 설정하고 값(Value)을 [True]로 지정한 뒤 [Create property] 속성을 생성합니다.

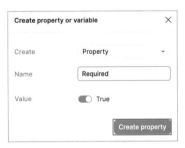

'Input' 컴포넌트에 Boolean 속성이 추가된 것
을 확인할 수 있습니다.

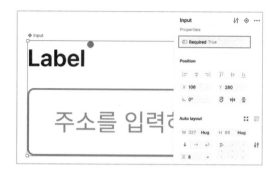

마스터 컴포넌트를 복사/붙여넣기한 후 인스턴스 컴포넌트를 확인해보면, 토글 버튼으로 'Required'
표시를 노출하거나 숨길 수 있습니다.

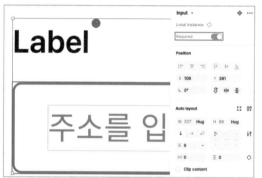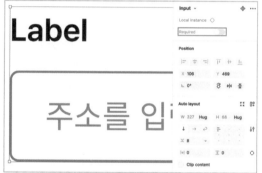

3) **Instance swap**은 컴포넌트 인스턴스 내 특정 요소를 다른 인스턴스로 교체할 때 사용합니다. 컴
포넌트를 추가로 만들지 않아도 컴포넌트화되어있는 아이콘 등 다른 요소들로 교체하여 인스턴스를
유연하게 활용할 수 있습니다. 컴포넌트명을 선택하면 나타나는 교체 가능한 인스턴스 목록에서 하
나를 선택합니다.

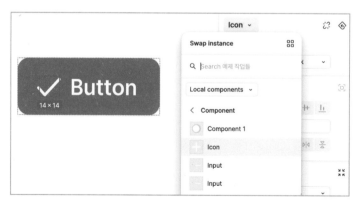

4) **Text**는 텍스트 레이어의 내용을 변경할 때 활용합니다. 인스턴스에 대해 텍스트 내용을 손쉽게 수정할 수 있기 때문에 버튼 레이블, 카드 제목 및 내용 등을 입력할 때 유용합니다.

마스터 컴포넌트에서 속성으로 만들 텍스트를 선택하고 [Text] - [Apply variable/property]를 클릭합니다. [New variable/property]를 추가한 후 속성명을 설정합니다.

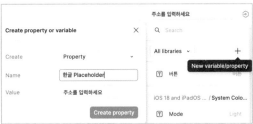

마스터 컴포넌트의 해당 텍스트를 선택하면 [Typography] 패널에 Text 속성이 적용된 것을 확인할 수 있습니다. 인스턴스를 생성한 후, 우측 패널에서 '한글 Placeholder'의 값을 변경할 수 있습니다.

실습 스위치 만들기

컴포넌트의 속성과 변형을 활용해 스위치 버튼을 만들어봅니다.

★ **실습 파일**: [오늘부터 피그마] Part 01 & 02 실습 통합본 – 스위치 만들기

01

단축키 Ⓡ을 눌러 너비 '40', 높이 '20', 둥근 모서리 '10'인 사각형을 그립니다.

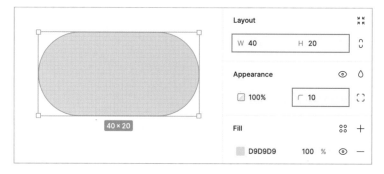

02

사각형 위에 너비 '16', 높이 '16'인 원을 그립니다.

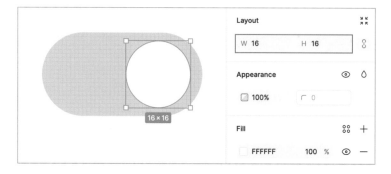

03

사각형과 원형을 모두 선택하고 ⎡Shift⎤+Ⓐ를 눌러 오토 레이아웃을 추가합니다.

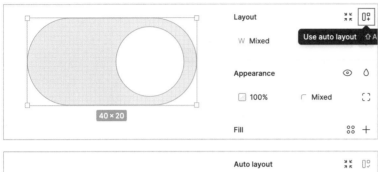

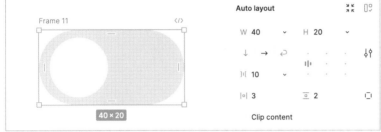

04

[Auto layout] 패널의 [Horizontal padding] 값을 '2'로 조정합니다.

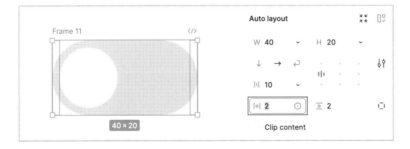

05

스위치 버튼을 복제하여 하나 더 만들고, [Auto layout]의 정렬 옵션을 [Align right]로 변경합니다.

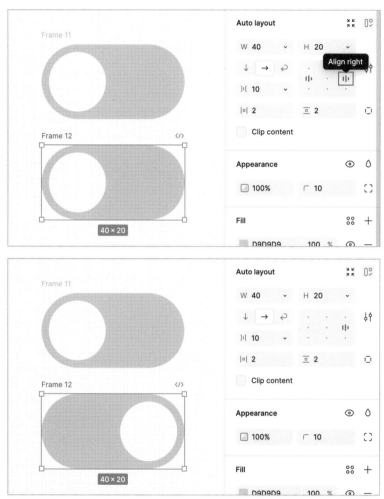

06

복제한 스위치 버튼의 [Fill] 색상을 '6156D9'로 설정합니다.

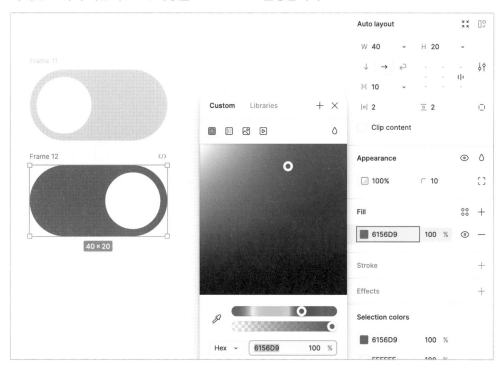

07

완성된 버튼의 프레임명을 각각 'Switch/Off', 'Switch/On'으로 변경합니다. 버튼 두 개를 모두 선택한 후 [Create multiple components]를 눌러 컴포넌트화합니다.

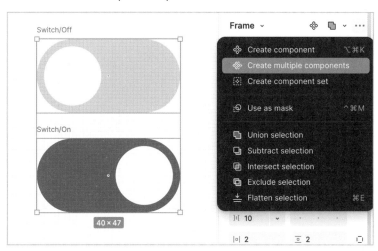

08

두 개의 마스터 컴포넌트가 생성된 것을 확인하고, [Combine as variants]를 눌러 그룹화합니다.

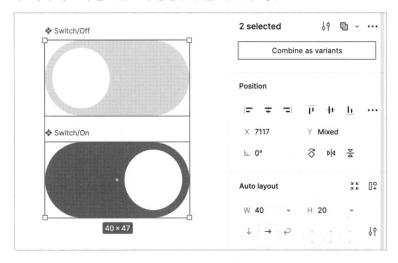

09

Switch 컴포넌트 세트의 Properties에서 배리언트명을 'Status'로 변경합니다.

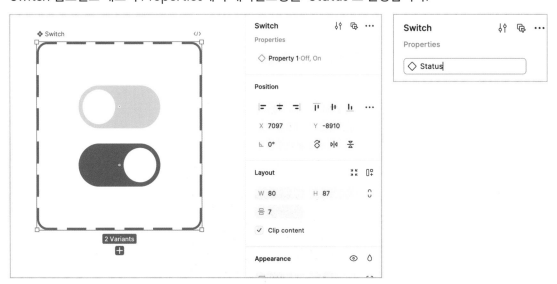

10

마스터 컴포넌트를 복제하거나 [Assets] 패널에서 인스턴스를 찾아 화면에 드래그 앤 드롭하면 우측 컴
포넌트 패널에 토글 버튼이 나타납니다. 이제 스위치 컴포넌트를 화면 디자인에 활용할 때 토글 버튼을
켜고 끄는 것으로 상태를 손쉽게 전환시킬 수 있습니다.

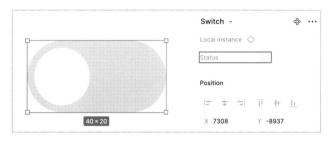

컴포넌트 이름 규칙

컴포넌트 이름을 작성할 때 '/(슬래시)'를 포함하면 피그마에서 이를 인식하여 컴포넌트를 자동으로 그룹화합니다.
예를 들어, 'Button/L/Primary', 'Button/L/Secondary', 'Button/S/Primary', 'Button/S/Secondary'로
4개의 컴포넌트를 만들면 Button으로 그룹화되고, 두 가지 속성(Property)에 따라 자동으로 분류됩니다.

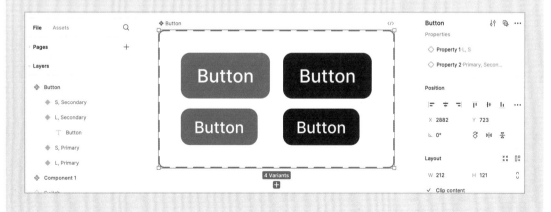

chapter

03

프로토타입

프로토타입 이해하기

프로토타입의 기본 기능과 인터페이스를 살펴봅니다.

프로토타입

피그마의 프로토타입 기능을 활용하면, 개발자의 도움 없이도 디자인의 작동 방식을 시뮬레이션할 수 있습니다. 이를 통해 실제 사용자의 사용 흐름을 미리 경험하고 협업자와 효과적으로 피드백을 주고받을 수 있습니다. 유저 테스트를 통해 디자인의 문제점을 사전에 발견하고 수정할 수 있으며, 프로토타입을 쉽게 공유하여 이해관계자들과의 협업도 더욱 원활해집니다.

피그마 프로토타입의 주요 기능 중 하나인 스마트 애니메이트(Smart Animate)는 Part 03, Chapter 02 [실습] 대시보드 UI(p.204)에서 자세히 다룹니다.

프로토타입 인터페이스

프로토타입 기능은 프로토타입을 제작할 프레임 클릭 후, 우측 사이드바의 [Prototype] 탭을 눌러 접근할 수 있습니다.

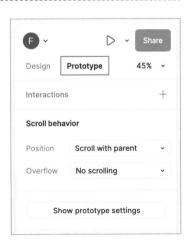

1) **Flow starting point**: [+] 버튼을 클릭하여 프로토타입 흐름의 시작 지점을 설정하고, 플로우의 이름을 지정할 수 있습니다. 해당 플로우의 재생 버튼을 클릭하면 현재 선택된 프레임에서 프로토타입이 시작됩니다. 이를 통해 다양한 흐름을 만들고 테스트할 수 있습니다.

2) **Interactions**: 화면에서 클릭, 드래그 등의 트리거가 발생할 때 나타나는 화면 전환이나 애니메이션 효과 등을 정의할 수 있습니다. 프레임이나 디자인 선택 후 [+] 버튼을 클릭하면, 다양한 인터랙션 옵션을 선택할 수 있습니다.

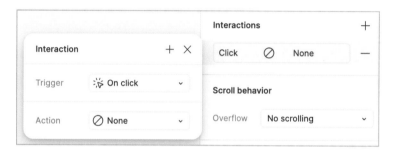

① Trigger(트리거): 인터랙션을 시작하는 사용자의 행동을 정의합니다.

On click	요소를 클릭할 때 인터랙션이 발생
On drag	요소를 드래그할 때 인터랙션이 발생
While hovering	요소 위에 마우스를 올려놓을 때 인터랙션이 발생
While pressing	요소를 누르고 있는 동안 인터랙션이 발생
Key/Gamepad	키보드나 게임패드의 입력에 따라 인터랙션이 발생
Mouse enter	마우스가 요소에 들어올 때 인터랙션이 발생
Mouse leave	마우스가 요소를 벗어날 때 인터랙션이 발생
Mouse down	요소에서 마우스 버튼을 누를 때 인터랙션이 발생
Mouse up	요소에서 마우스를 눌렀던 버튼을 뗄 때 인터랙션이 발생
After delay	지정된 시간이 지난 후 인터랙션이 발생

② Action(액션): 트리거가 발생했을 때 수행되는 동작을 정의합니다.

Navigate to	다른 프레임으로 이동
Change to	컴포넌트의 상태를 다른 상태로 변경
Back	이전 프레임을 기억해서 돌아감
Scroll to	특정 요소로 스크롤
Open link	외부 링크로 연결
Open overlay	현재 화면에 오버레이(모달)을 엶
Swap overlay	현재 오버레이를 다른 오버레이로 교체
Close overlay	오버레이를 닫음
Set variable	변수를 설정하여 상태를 변경
Set variable mode	변수 모드를 설정
Check if/else	특정 조건이 충족될 때 동작을 수행

3) **Scroll behaviors**: 프로토타입 제작 시, 프레임 내 요소들이 스크롤되는 방식을 설정하며, Overflow 메뉴와 Position 메뉴가 있습니다.

Overflow 메뉴는 디자인 요소가 프레임에서 넘치는 상황을 정의합니다.

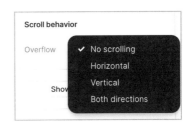

① No scrolling(스크롤 없음): 프레임 내의 요소들이 고정되어 스크롤되지 않습니다. 요소가 프레임의 크기를 벗어나도 스크롤 막대가 나타나지 않습니다.

② Horizontal(수평 스크롤): 프레임 내의 요소들을 가로 방향으로 스크롤할 수 있습니다. 가로로 긴 목록이나 갤러리 등을 만들 때 유용합니다.

③ Vertical(수직 스크롤): 프레임 내의 요소들을 세로 방향으로 스크롤할 수 있습니다. 긴 텍스트나 세로로 긴 목록을 만들 때 유용합니다.

④ Both directions(양방향 스크롤): 프레임 내의 요소들을 수평 및 수직 방향 모두 스크롤할 수 있습니다. 요소가 프레임 크기보다 가로와 세로로 모두 클 때, 전방향으로 움직이기에 유용합니다.

스크롤 시, 디자인 요소의 위치를 제어하는 **Position** 메뉴는 특정 디자인 요소를 클릭해야 설정할 수 있습니다. 다음과 같은 옵션이 있습니다.

① Scroll with parent: 스크롤 시, 디자인 요소가 (부모)프레임의 스크롤과 동일하게 움직입니다. 가장 보편적인 스크롤 방법입니다.

② Fixed(stay in place): 디자인 요소가 특정 위치에 고정되어 스크롤 시에도 항상 같은 위치에 유지됩니다. 내비게이션 바에 주로 사용됩니다.

③ Sticky(stop at top edge): 디자인 요소가 스크롤되다가 특정 지점(일반적으로 프레임의 상단)에 도달하면 그 지점에 고정됩니다.

4) **Show prototype settings**: 프로토타입 재생 시 보여지는 기기(Device)의 종류와 배경 색상 등 프로토타입 환경을 설정할 수 있습니다.

```
         Show prototype settings
```

아무 프레임을 선택하지 않은 상태에서 'Prototype' 탭 클릭 시에도 프로토타입 환경을 설정할 수 있습니다.

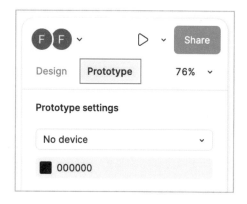

[실습] 파일에 제공되는 예제를 직접 스크롤하며 이해해 봅시다.

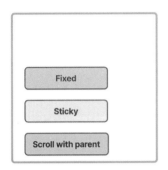

↓ 스크롤 시, **Fixed**는 위치가 변하지 않습니다. Sticky와 Scroll with parent는 모두 스크롤되지만, **Sticky**는 프레임 상단에 닿는 순간 고정됩니다.

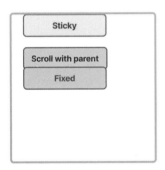

↓ 계속 스크롤하면 Fixed와 Sticky 위치는 고정되어 움직이지 않지만, **Scroll with parent**는 계속 스크롤되어 프레임을 벗어납니다.

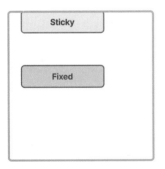

프로토타입 재생

제작된 프로토타입을 재생하기 위해서는 프레임 옆 재생 버튼을 클릭하거나, 재생을 원하는 프레임을 선택하고 상단 툴바의 재생 기능을 이용합니다. 재생 옵션 중 Present 모드에서는 전체 화면으로 프로토타입을 재생할 수 있고, Preview 모드에서는 별도의 화면을 통해 프로토타입을 재생할 수 있습니다.

Q tip

모바일 프로토타입 미리보기

피그마의 앱을 사용하면 모바일 기기에서도 프로토타입을 실시간으로 확인할 수 있습니다. 피그마 앱은 앱스토어/구글 플레이스토어에서 'Figma'를 검색하고 다운받을 수 있습니다.

1. 현재 디자인 중인 계정과 동일한 계정으로 로그인한 후, Mirror 탭을 선택합니다.

2. 데스크톱에서 모바일로 확인하고 싶은 프레임을 선택하고, [Begin mirroring] 버튼을 클릭합니다.

3. 원하는 화면이 보이지 않을 경우, 앱을 종료 후 다시 실행시키거나 다른 프레임을 선택한 후 다시 원하는 프레임을 선택합니다.

화면 간 인터랙션 만들기

썸네일 클릭 후, 상세페이지로 이동하는 인터랙션을 만들어 프로토타입을 제작해봅니다.

★ **실습 파일**: [오늘부터 피그마] Part 01 & 02 실습 통합본 – 화면 간 인터랙션

01

본격적으로 프로토타입을 제작하기 전, 플로우의 시작점을 만들어줍니다. 홈 프레임을 선택하고 [Prototype]에서 [Flow starting point]를 만든 후, 플로우명을 '화면 이동'으로 설정합니다.

02

썸네일 아이템을 선택하면 나타나는 점 모양에 마우스를 올리고, [+] 버튼을 클릭하여 화살표를 상세페이지에 연결합니다.

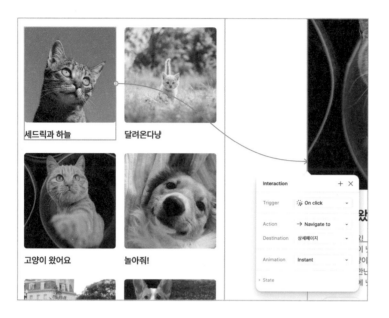

03

상세페이지의 뒤로가기 버튼을 클릭하고, [Interaction] – [+] 버튼을 클릭하여 이전 페이지로 연결되는 [Back] 액션을 적용합니다.

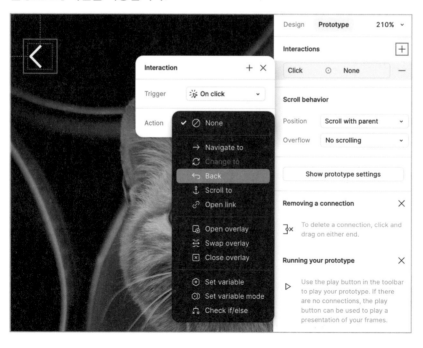

04

프로토타입 설정을 위해 [Show prototype settings] 버
튼을 클릭합니다. Device 옵션을 프레임 너비(390)에 맞는
'iPhone 14'로 선택하고, Background 색상을 'F5F5F5'로
설정합니다.

05

'화면 이동' 플로우의 재생 버튼을 클릭하여 프로토타입을 재생합니다. 인터랙션을 생성한 썸네일 아이
템 클릭 시 상세페이지로 전환되며, 상세페이지의 뒤로가기 클릭 시 이전 페이지로 돌아가는 것을 확인
할 수 있습니다.

06

[Present] 모드를 사용하면 설정한 배경색을 확인할 수 있습니다. 좌측 플로우 목록에서 '화면 이동'을 선택해보세요.

실습

스크롤 위치 고정하기

스크롤이 발생할 때 헤더와 탭 바, 내비게이션 바의 위치를 Sticky와 Fixed 개념을 이용해 설정하는 프로토타입을 제작해봅니다.

★ **실습 파일**: [오늘부터 피그마] Part 01 & 02 실습 통합본 – 스크롤 위치 고정하기

01

프로토타입을 제작하기 앞서, 프레임 선택 후 플로우의 시작점을 만들고 이름을 입력합니다.

02

Header 레이어를 선택하고, [Prototype] – [Scroll behavior] 섹션에서 [Sticky(stop at top edge)] 옵션을 선택합니다. '앨범/정보/북마크'가 속해있는 Chips 레이어를 선택한 후, 동일하게 [Sticky] 옵션을 선택합니다.

03

하단 내비게이션 바를 선택하고, [Fixed(stay in place)] 옵션을 선택합니다.

04

화면에서 스크롤이 가능하도록 하려면, 넘치는 디자인 요소에 맞춰 전체 화면이 수직 방향으로 스크롤되도록 설정해야 합니다. 마이페이지 프레임을 클릭한 후, [Prototype] - [Scroll behavior] - [Overflow]의 옵션을 [Vertical]로 변경합니다.

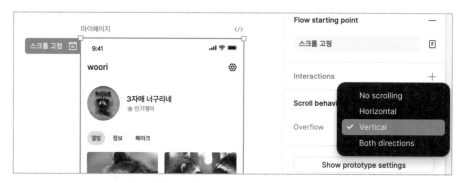

05

마이페이지 프레임에서 '예제 2' 재생 버튼을 클릭하여 프로토타입을 재생해봅니다. 스크롤 시 헤더와 탭 바가 상단에 고정되며, 내비게이션 바는 하단에 고정된 것을 확인할 수 있습니다.

Deep Dive **피그마와 AI의 만남**

Config2024에서 발표된 피그마의 AI 기능들을 알아봅니다.

Figma AI

피그마의 AI 기능은 피그마 디자인 파일, 피그잼 파일, 피그마 슬라이드에서 사용 가능하며, 유료 플랜 사용자만 접근할 수 있습니다*.

Make designs

프롬프트 창에 명령어를 입력하면 AI가 디자인 목업 화면을 생성합니다. 사용자가 원하는 디자인 요소나 스타일을 텍스트로 입력하면, AI가 이를 반영해 다양한 디자인 옵션을 자동으로 제안합니다.

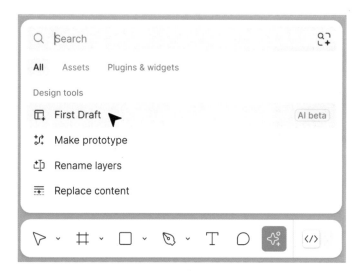

---

* 2024년 10월 기준, AI 기능은 일부 사용자에게만 허용되어있으며 순차적으로 모든 사용자에게 배포될 예정입니다.

Make prototype

AI가 컴포넌트를 인식하여 **화면 간의 상호작용을 자동으로 연결**합니다. 이를 통해 디자이너는 빠르게 프로토타입을 완성하고, 사용자 경험을 시뮬레이션할 수 있습니다.

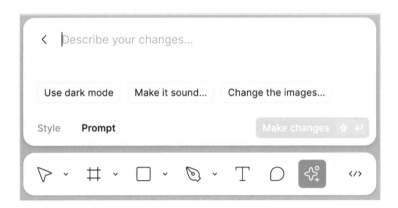

Rename layers

레이어명은 별도로 설정하지 않으면 **디자인을 생성한 순서에 따라** "Frame 1077882"처럼 숫자로 지정됩니다. 피그마 파일 내 디자인 요소가 많아지면 이러한 숫자만으로는 요소를 구분하기 어려울 수 있습니다. 하지만 "Rename layers" 기능을 사용하면 레이어 이름을 더 직관적으로 식별할 수 있도록 재설정하고 정리해줍니다.

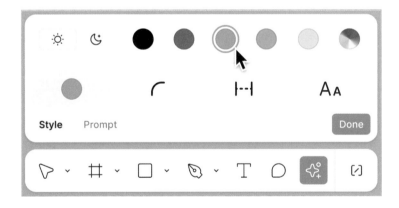

Replace content

AI를 사용하여 **디자인 내 텍스트, 이미지, 또는 아이콘 등을 한 번에 대체**할 수 있습니다. 예를 들어, 특정 텍스트를 새로운 카피로 교체하거나, 모든 이미지에 일관된 스타일을 적용하는 작업을 쉽게 수행할 수 있습니다. 이를 통해 반복적인 작업을 자동화하고 일관된 디자인을 유지할 수 있습니다.

Search with a visual

디자인 파일 내에서 특정 요소를 찾고자 할 때 **이미지 기반으로 검색**할 수 있는 기능입니다. 특정 스타일이나 색상의 요소를 찾고자 할 때, AI가 유사한 시각적 요소를 인식하여 빠르게 검색 결과를 제공합니다. 이를 통해 원하는 요소를 손쉽게 찾고 관리할 수 있습니다.

Rewrite and translate with AI

AI를 활용하여 텍스트를 **재작성하거나 다른 언어로 번역**할 수 있는 기능입니다. 디자인 작업 중 다양한 언어로 텍스트를 제공해야 하거나, 텍스트의 톤이나 스타일을 조정할 때 유용합니다. 이 기능은 글로벌 프로젝트에서 일관된 메시지를 유지하는 데 도움이 됩니다.

Remove backgrounds

AI를 사용하여 **이미지의 배경을 자동으로 제거**할 수 있는 기능입니다. 이를 통해 사용자는 별도의 이미지 편집 소프트웨어 없이도 투명한 배경 이미지를 빠르게 만들 수 있습니다. 이 기능은 디자인의 유연성을 높이고, 사용자는 이미지 편집 시간을 절약할 수 있습니다.

피그마로
완성하는 UXUI

chapter

01

기획

UX 디자인 프로세스

사용자 관점에서 생각하는 UX 디자인 프로세스 전반에 대해 학습하고, 각 단계별로 어떻게 피그마를 활용해 기획하고 디자인하는지 살펴봅니다.

평소 IT 서비스에 관심이 많다면 '사용자 경험(User Experience)'이라는 말을 한 번쯤 들어봤을 것입니다. 사용자 경험은 사용자가 서비스 또는 제품과 상호작용하는 과정에서 경험하는 모든 것을 포괄하는 총체적인 개념입니다. 더 나은 사용자 경험을 제공할 때 사용자가 서비스를 이용하면서 느끼는 만족도를 높일 수 있습니다. 무조건 많은 기능을 포함한 앱보다는 나에게 필요한 기능을 직관적으로 제공하는 앱이 더 매력적인 이유입니다. 사용자의 요구를 정확하게 이해하고 그들이 원하는 것을 확실하게 제공할 때 사용자의 만족감은 높아지고, 여기에 기대 이상의 새로움과 혁신을 더할 때 사용자들은 그 제품과 서비스에 열광합니다. 이렇듯 사용자 관점에서 생각하고 사용자의 요구를 바탕으로 제품과 서비스를 기획하고 디자인해야 더 큰 가치를 지닌 서비스를 만들 수 있습니다.

다양한 방법론이 많지만 이 책에서는 더블 다이아몬드 모델을 바탕으로 UX 디자인 프로세스에 대해 알아보고, 피그마를 활용해 기획하고 디자인하는 방법을 학습해 보겠습니다.

더블 다이아몬드 모델

더블 다이아몬드 모델은 사용자 중심의 디자인 사고를 체계적으로 정리한 방법론으로 가장 잘 알려져있습니다. 이 모델은 두 개의 다이아몬드 형태로 구성되며, 문제를 명확히 정의하고 그 문제를 해결하기 위한 최선의 방안을 도출하는 과정을 설명합니다. 각 다이아몬드는 **발견(Discover)**, **정의(Define)**, **개발(Develop)**, **제공(Deliver)**의 4단계로 나뉩니다. 이 모델을 통해 우리는 사용자 요구를 정확하게 파악하고, 이를 기반으로 창의적이면서도 실용적인 솔루션을 개발할 수 있습니다.

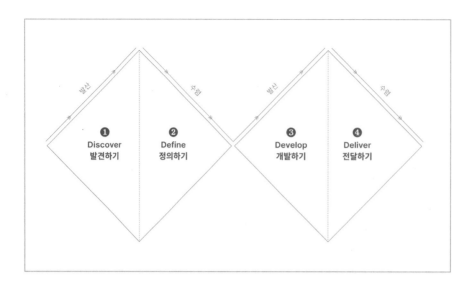

❶ Discover(발견)

첫 번째 단계인 Discover는 서비스나 제품의 방향성을 정하는 중요한 과정입니다. 이 단계에서는 "우리는 어떤 문제를 해결하려고 하는가?", "어떤 사용자 그룹을 타겟으로 하는가?"와 같은 질문을 던지며 프로젝트의 주제를 정하고, 해결해야 할 문제를 찾아나섭니다. 체계적으로 이 단계를 수행할 때는 인터뷰나 설문조사, 분석 등을 통해 깊이 있는 사용자 조사를 진행합니다. 그러나 이 책에서는 사용자 조사를 대신할 수 있는 2가지 방법을 제안합니다.

데스크 리서치

데스크 리서치는 기존에 존재하는 자료를 바탕으로 정보를 수집하고 분석하는 방법입니다. 요즘 소비 트렌드나 이슈가 되고 있는 문제가 무엇인지 SNS, 뉴스 등 인터넷의 다양한 소스를 통해 찾아봅니다. 최근 어떤 기술이 가장 각광받고 있는지, 사람들에게 새롭게 필요한 것이 무엇인지 생각해봅시다. 또한, 앱 스토어에서 인기 있는 앱들을 분석하는 것도 좋은 방법입니다. 상위 랭킹에 있는 앱들이 왜 인기있는지, 사용자들이 어떤 기능을 긍정적으로 평가하고 있는지 리뷰를 읽으면서 파악할 수 있습니다. 만약 사람들이 불만을 느끼는 부분이 있다면, 이를 보완하는 서비스를 기획하는 것도 좋은 접근입니다.

일상에서 문제점 찾기

일상 속 경험에서 문제를 발견하는 것도 좋은 방법입니다. 사용자 조사 없이도 개인적 경험, 팀 내 논의, 주변의 피드백 등을 통해 주제를 선정하고 문제를 찾을 수 있습니다. 평소에 자신이 불편하다고 느꼈던

점을 기록해보세요. 예를 들어, 매일 사용하는 앱에서 불편한 점은 무엇인지, 더 개선되었으면 하는 기능은 어떤 것이 있는지를 생각해봅니다. 이러한 불편함을 해결할 수 있는 서비스가 좋은 주제가 될 수 있습니다. 친구나 가족 등 주변 사람들에게 불편함을 느끼는 점이 무엇인지 물어보면 더 다양한 문제를 발견할 수도 있습니다. 만약 팀원들이 있다면 각자가 겪은 불편함에 대해 포스트잇이나 피그잼의 보드를 활용해 공유하고, 많은 공감을 얻는 문제를 선정할 수 있습니다.

❷ Define(정의)

Define 단계에서는 첫 번째 단계인 Discover에서 탐색한 문제를 명확하게 정의하고, 이를 해결하기 위한 목표를 설정합니다. 대표적으로 페르소나(Persona)와 사용자 여정지도(User Journey Map)를 작성하게 됩니다. 페르소나를 통해 사용자의 요구와 목표를 깊이 이해하고, 사용자와 서비스가 어떻게 상호작용하는지 사용자 여정지도로 시각화함으로써 사용자 경험 전반을 파악할 수 있습니다.

페르소나

페르소나는 특정 사용자 그룹을 대표하는 가상 인물로, UX 디자인 과정에서 매우 중요한 도구입니다. 페르소나는 명확하게 사용자 요구를 이해하여 핵심 기능을 도출하고, 서비스를 설계하는 데 큰 도움이 됩니다. 또한, 페르소나는 디자인과 개발 과정에서 팀원들이 의사결정을 할 때 기준이 되기도 합니다.

단순히 사용자를 '20대 여성'이라고 정의하는 대신, 실제로 존재할 법한 인물로 구체화하는 것이 페르소나 작성의 핵심입니다. 예를 들어, 사용자의 기본적인 인물 정보(이름, 나이, 성별, 직업)뿐만 아니라, 그들의 교육 수준, 사회적 지위, 목표, 니즈, 행동 패턴, 기술 수준 등을 포함하여 작성합니다. 이러한 정보는 사용자의 행동과 필요를 더 잘 이해할 수 있도록 돕습니다.

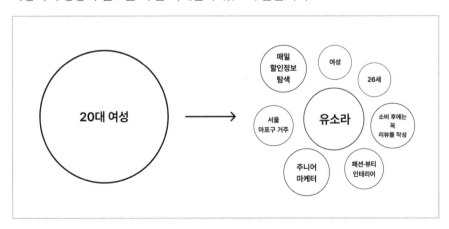

사용자 여정지도

사용자 여정지도는 사용자가 서비스를 사용하는 과정에서 나타나는 단계별 경험을 시각화하는 도구입니다. 사용자가 어떤 생각을 하고 어떻게 행동하는지 한눈에 볼 수 있기 때문에 사용자 관점에서 경험 전반을 이해하는 데 중요한 역할을 합니다.

온라인에서 상품을 구매하는 경험을 사용자 여정지도로 표현해보면 다음과 같습니다.

Stages	상품 검색	상품 비교	장바구니 담기	결제	배송	리뷰 작성
Actions	• 검색 키워드 입력 • 필터와 정렬 사용 • 검색결과 확인	• 상품 상세 정보 확인 • 상품 간 가격 비교 • 상품 간 리뷰 비교	• 선택한 상품 장바구니 추가	• 결제 정보 입력 • 할인 코드 입력	• 배송 상태 확인 • 상품 수령	• 배송받은 리뷰 작성
Touchpoints	검색창	상품 상세페이지, 리뷰 페이지	장바구니 페이지	결제 페이지, 할인코드 입력창	배송 알림	리뷰 페이지
Emotions	혼란, 정보 과부하	불확실	헷갈림	스트레스	기대감	만족감
Painpoints	검색 결과가 너무 많음	상품 간 차이를 파악하기 어려움	합리적으로 구매하고 있는지 잘 모르겠음	결제 과정이 복잡하고 오류가 발생했을 때 처음으로 돌아가서 다시 진행해야함	배송이 지연되는 사유를 알 수 없음	리뷰 작성에 필요한 단계가 너무 많음
Needs	빠르고 정확한 검색 결과를 얻고 싶음	상품 간 차이점을 한 눈에 알아보고 싶음	결제하기 전에 이 상품 구매가 좋은 선택인지 확인하고 싶음	간편하고 빠르게 결제할 수 있으면 좋겠음	정확한 배송 정보 및 예상 배송 도착시간을 알고싶음	리뷰 작성시 적절한 보상을 얻고 싶음
Opportunities	AI 기반의 개인화된 검색 및 추천 기능 도입	직관적인 상품 비교 인터페이스 제공	구매함으로서 얻는 혜택 표시 추천 상품 제안	원클릭 결제 시스템	실시간 배송 추적 예상 배송 도착시간 변경시 알림	리뷰 작성시 추가 쿠폰 제공

Stages(단계): 사용자가 서비스를 이용하는 과정에서 나타나는 주요 단계입니다.

　예: 상품 검색 〉 상품 비교 〉 장바구니 담기 〉 결제 〉 배송 〉 리뷰 작성

Actions(행동): 각 단계에서 사용자가 수행하는 구체적인 행동을 나열합니다.

　예: 검색 키워드 입력, 상품 상세 정보 확인, 리뷰 작성

Touchpoints(접점): 사용자가 특정 행동을 수행할 때 접하게 되는 디지털 또는 물리적 접점으로, 사용자가 서비스와 상호작용하는 순간을 나타냅니다.

　예: 검색창, 상품 상세 페이지, 배송 알림

Emotions(감정): 사용자가 각 단계에서 느끼는 감정이나 기분을 나타냅니다. 긍정적이거나 부정적인 감정을 통해 서비스 경험이 사용자에게 어떤 영향을 미치는지 이해할 수 있습니다.

　예: 혼란, 정보 과부하, 불확실성, 기대감

Painpoints(페인포인트): 사용자가 특정 단계에서 겪는 어려움이나 불편함을 의미합니다. 이는 사용자 경험을 개선하기 위해 해결해야 할 주요 문제점입니다.

예: 검색 결과가 너무 많음, 상품 간 차이점이 명확하지 않음, 배송이 지연되거나 정확한 배송 정보를 알 수 없음

Needs(니즈): 각 단계에서 사용자가 느끼는 요구 사항이나 필요를 의미합니다. 사용자의 니즈를 이해함으로써 서비스가 이들의 기대를 어떻게 충족시킬 수 있는지를 파악할 수 있습니다.

예: 빠르고 정확한 검색 결과를 보고싶음, 정확한 배송 정보 및 예상 배송 도착시간을 알고싶음, 리뷰 작성 시 적절한 보상을 받고 싶음

Opportunities(기회): 발견된 페인포인트와 니즈를 기반으로 서비스를 개선하거나 강화할 수 있는 점을 작성합니다. 앞으로 만들고자 하는 서비스 아이디어를 발산하는 데 중요한 역할을 합니다.

예: AI 기반의 개인화된 검색 및 추천 기능 도입, 구매함으로써 얻는 혜택 표시 및 관련 추천 상품 제안, 원클릭 결제 시스템, 실시간 배송 추적 및 예상 배송 도착시간 알림 제공

❸ Develop(개발)

Develop 단계는 발견된 문제와 정의된 사용자 요구를 바탕으로 아이디어를 발산하고, 최종적인 서비스 컨셉과 핵심 기능(Key Features)을 도출하는 중요한 과정입니다. 이 단계에서는 다양한 아이디어를 탐색하고, 제공할 핵심 가치를 정의하게 됩니다. 이를 통해 새로운 서비스의 To-be 모습을 구체화하고, 다음 단계에서 실질적인 디자인과 개발로 이어질 수 있는 기반을 마련합니다.

이 단계에서 가장 먼저 할 일은 문제를 해결하기 위해 필요한 다양한 아이디어를 발산하는 것입니다. "사용자의 문제를 해결하기 위해 어떤 기능이 필요할까?", "이 기능이 어떤 방식으로 사용자에게 가치를 전달할 수 있을까?"와 같은 질문을 던지는 것이 중요합니다.

How Might We(HMW)

아이디어 발산의 핵심 도구로서, How Might We(HMW) 기법을 활용할 수 있습니다. HMW는 발견된 문제를 해결하기 위한 창의적인 질문을 제시하여, 구체적인 해결책을 모색하고 핵심 기능을 도출할 때 큰 도움이 됩니다.

How(어떻게): 문제를 해결할 방법을 찾기 위한 열린 접근법을 의미합니다. 'How'는 가능한 한 다양한 해결책을 탐색하는 데 초점을 맞춥니다.

Might(할 수 있을까): 'Might'는 문제 해결을 위한 가능성을 탐구하는 의미를 내포합니다. 이는 다양한 시도와 아이디어를 수용할 수 있도록 유연성을 제공합니다.

We(우리가): 'We'는 팀이 함께 문제를 해결하는 주체로서의 역할을 강조합니다.

이제 사용자 여정지도에서 발견된 페인포인트와 니즈, 기회를 바탕으로 HMW 질문을 도출해 봅니다. 문제를 해결할 수 있는 가능성을 탐구하는 HMW 질문은 너무 좁거나 너무 넓지 않도록 균형을 유지해야 합니다. 기존의 사용자 경험을 개선하거나 새로운 기능을 제공하는 방향으로 질문을 구성할 수 있습니다.

예:

"우리가 어떻게 하면 사용자가 더 빠르고 정확한 검색 결과를 얻도록 도울 수 있을까?"

"우리가 어떻게 하면 사용자가 결제 전에 이 상품이 최선의 선택인지 확인할 수 있도록 도울 수 있을까?"

"우리가 어떻게 하면 결제 과정을 더 간편하고 오류 없이 만들 수 있을까?"

"우리가 어떻게 하면 사용자에게 더 정확한 배송 정보를 실시간으로 제공할 수 있을까?"

아이디어 그룹핑 및 Key Feature 도출

아이디어를 시각적으로 정리하면 한 단계 더 구체화할 수 있습니다. 피그잼을 활용한다면 HMW 질문을 화면 상단에 표시하고, 각 아이디어를 포스트잇 형태로 기록합니다. 발산된 아이디어들은 유사한 주제로 묶어 주요 테마를 도출합니다. 논의를 통해 테마를 도출하기 어렵다면 투표를 활용할 수도 있습니다.

우리가 어떻게 하면 더 간편하고 오류 없는 결제 과정을 제공할 수 있을까?			
개인화된 결제 옵션 제공	AI 기반 결제 오류 예측 및 자동 수정 기능	단계별 결제 가이드 제공	결제 과정에서의 실시간 보안 검증
지문 또는 얼굴 인식 결제 도입	결제 실패 시 자동 재시도 기능	실시간 고객 지원 챗봇	결제 오류 방지

❹ Deliver(제공)

Deliver 단계는 UX 디자인 프로세스의 마지막 단계로, 이전 단계에서 도출된 Key Features를 바탕으로 실제 디자인 화면을 제작하고 더 나아가서 프로토타입으로 구현합니다. 프로토타입까지 완성되면 사용자 테스트를 통해 피드백을 수집하여 디자인을 수정하거나 개선합니다.

이 책은 프로토타입 제작 단계까지 다루고 있으며, Key Feature에 따라 대표 화면을 선정하고 피그마를 활용해 UI 디자인을 진행하는 과정은 Part 03, Chapter 02 핵심화면 UI 디자인(p.153)에서 더 자세히 학습해 보겠습니다.

02 피그잼으로 기획하기

피그잼을 활용해 UX 디자인 프로세스에 따라 페르소나, 사용자 여정지도, 아이데이션, 핵심 기능 정의까지 차근차근 서비스를 구체화해 봅니다.

★ **실습 파일**: [오늘부터 피그마] 기획 실습.jam

실습 파일에는 페르소나, 사용자 여정지도, HMW+아이데이션 샘플과 실습할 수 있는 섹션이 제공됩니다.

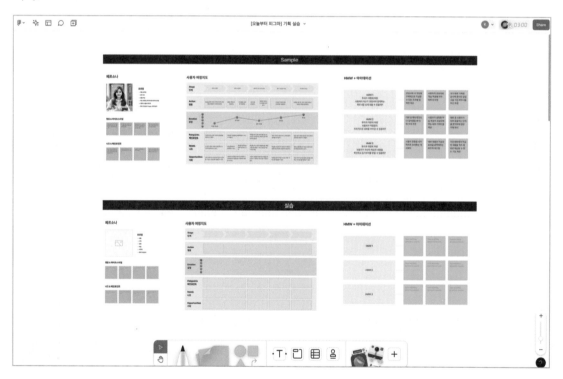

페르소나 만들기

어떤 서비스를 만들 것인지 대략적인 주제를 선정했다면, 구체적으로 사용자를 정의해보는 단계가 필요합니다. 페르소나를 구성하는 방법은 다양하지만 이번 실습에서는 페르소나의 이미지, 프로필(인적사항), 행동&라이프스타일, 니즈&페인포인트 섹션으로 나눠 페르소나를 작성해 보겠습니다.

1. 먼저, 페르소나의 프로필 카드에 이름, 나이, 성별, 직업, 거주지, 취미 및 관심사를 차례로 작성합니다.

- 이름: 유지원
- 나이: 24
- 성별: 여성
- 직업: 대학생, 미디어커뮤니케이션 전공
- 거주지: 서울시 마포구
- 취미 및 관심사: K-pop, 외국어공부

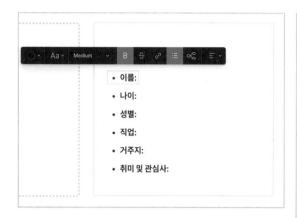

2. 프로필 왼쪽에 위치한 이미지 영역을 선택하고 [Replace image]를 눌러 페르소나에 맞는 이미지를 삽입합니다. 직접 그린 그림을 찍어서 업로드해도 되고, 웹사이트에서 어울리는 인물 사진을 찾아도 좋습니다.

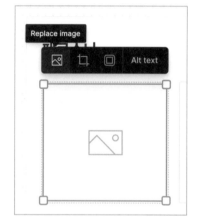

3. 행동과 라이프스타일에는 어떤 것을 좋아하는지, 어떤 행동을 얼마나 자주하는지, 어디를 가는지, 무엇을 보는지 등 페르소나의 일상생활에 대해 작성합니다.

- 매일 K-pop과 관련된 소식을 SNS에서 확인하고, 해외 팬들과 영어로 소통하며 즐거움을 느낀다.
- 최근 매주 꾸준히 공부할 수 있는 방법을 찾아보다 일본어 학습지를 신청했다.
- 전공생답게 콘텐츠 소비량이 많은 편이다. K-pop 영상뿐 아니라 외국 드라마나 영화도 다양하게 즐겨본다.
- 대학교 동아리 활동을 통해 외국인 친구들에게 한국을 소개하는 영상을 제작한다.

행동 & 라이프스타일

매일 K-pop과 관련된 소식을 SNS에서 확인하고, 해외 팬들과 영어로 소통하며 즐거움을 느낀다.

최근 매주 꾸준히 공부할 수 있는 방법을 찾아보다 일본어 학습지를 신청했다.

전공생 답게 콘텐츠 소비량이 많은 편이다. K-pop 영상뿐 아니라 외국 드라마나 영화도 다양하게 즐겨본다.

대학교 동아리 활동을 통해 외국인 친구들에게 한국을 소개하는 영상을 제작한다.

4. 니즈와 페인포인트는 사용자가 겪고 있는 문제점이나 불편함, 현재 사용중인 서비스에 대해 불만족스러운 점, 사용자가 필요로 하는 내용 중심으로 작성합니다.

● 일본어 학습지를 신청했지만, 꾸준히 공부할 수 있도록 흥미를 잃지 않게 도와줄 동기부여 방법을 찾고 있다.

● 외국어 실력을 향상시킬 수 있는 파트너를 쉽게 만나기 어렵다.

● 실생활에서 언어를 활용할 기회가 부족하다.

● 사용 중인 언어 교환 앱이 복잡하게 느껴져, 더 직관적이고 간편한 앱이 있으면 좋겠다.

니즈 & 페인포인트

일본어 학습지를 신청했지만, 꾸준히 공부할 수 있도록 흥미를 잃지 않게 도와줄 동기부여 방법을 찾고 있다.

외국어 실력을 향상시킬 수 있는 파트너를 쉽게 만나기 어렵다.

실생활에서 언어를 활용할 기회가 부족하다.

사용 중인 언어 교환 앱이 복잡하게 느껴져, 더 직관적이고 간편한 앱이 있으면 좋겠다.

5. 만약 포스트잇을 추가하고 싶다면 마지막 포스트잇을 선택한 후 [+] 버튼을 누릅니다. 포스트잇이 추가될 때 Section의 너비도 이에 맞춰 조정됩니다.

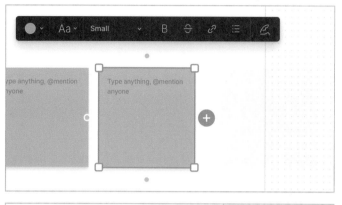

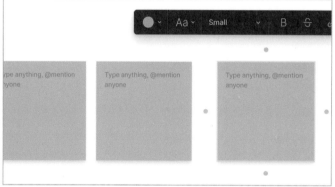

사용자 여정지도 작성하기

이제 작성한 페르소나를 바탕으로, 사용자가 서비스와 상호작용하는 전체 과정을 시각화해 보겠습니다. 이번 실습에서는 사용자 경험의 흐름을 이해하기 위해 **Stage(단계)**, **Action(행동)**, **Emotion(감정)**, **Painpoints(페인포인트)**, **Needs(니즈)**, **Opportunities(기회)** 6가지 요소를 차례로 작성해봅니다.

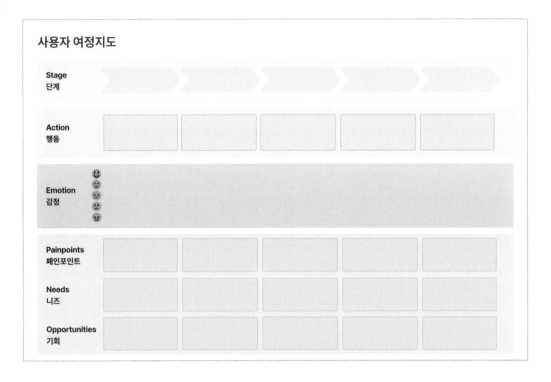

1. **Stage**(단계): 먼저, 사용자가 서비스를 이용하는 과정에서 거치는 주요 단계를 나열합니다.

- 서비스 발견 -> 가입 및 설정 -> 매칭 및 초기 상호작용 -> 정기 사용 및 학습 -> 피드백 및 개선

2. **Action**(행동): 단계별로 사용자의 구체적인 행동을 작성합니다. 이때, 사용자가 정보를 탐색, 조회, 입력하는 등 흐름에 맞는 행동을 파악하는 것이 중요합니다. 단계별로 적어야 하는 행동의 개수는 제한되어 있지 않습니다.

- **서비스 발견**: K-pop 관련 커뮤니티에서 언어 교환 앱을 추천받아 다운로드한다.
- **가입 및 설정**: SNS 계정으로 가입한다. 프로필을 상세히 작성한다.
- **매칭 및 초기 상호작용**: 파트너를 검색한다. 매칭된 파트너와 대화를 시작한다.
- **정기 사용 및 학습**: 다양한 주제에 대해 외국어로 대화한다.
- **피드백 및 개선**: 대화를 마친 후, 자주 사용한 표현과 새로운 어휘를 정리한다.

Stage 단계		서비스 발견	가입 및 설정	매칭 및 초기 상호작용		정기 사용 및 학습	피드백 및 개선
Action 행동		K-pop 관련 커뮤니티에서 언어 교환 앱을 추천받아 다운로드한다.	SNS 계정으로 가입한다.	프로필을 상세히 작성한다.	파트너를 검색한다. 매칭된 파트너와 대화를 시작한다.	다양한 주제에 대해 외국어로 대화한다.	대화를 마친 후, 자주 사용한 표현과 새로운 어휘를 정리한다.

3. **Emotion**(감정): 사용자가 각 단계에서 느끼는 감정을 시각화합니다. 이 감정 곡선은 사용자가 서비스 이용 중 얼마나 만족하거나 불만족하는지를 보여주며, 사용자 경험의 질을 개선할 수 있는 중요한 단서를 제공합니다.

- **서비스 발견**: 기대반 의심반
- **가입 및 설정**: 흥미로움
- **매칭 및 초기 상호작용**: 살짝 긴장됨
- **정기 사용 및 학습**: 안심함
- **피드백 및 개선**: 뿌듯함

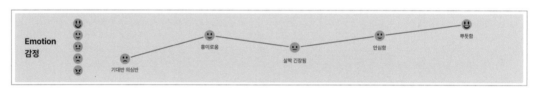

3-1. 템플릿에 제공된 5가지 표정 중 알맞은 것을 선택하고, 복사하여 단계별로 붙여넣습니다.

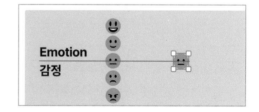

3-2. 하단의 툴바에서 [커넥터(Connector) – 직선(Straight line)]을 선택합니다.

3-3. 표정과 표정 사이를 커넥터로 연결하여 감정 곡선을 만듭니다. 선을 선택한 상태에서 [End point]의 옵션을 [None]으로 변경하면 화살표 없는 직선을 사용할 수 있습니다.

 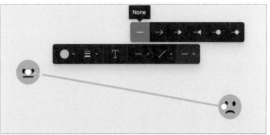

4. Painpoints(페인포인트): 사용자가 서비스 이용 중 겪는 문제점이나 불편함을 기록합니다. 특정 단계에서 사용자가 경험하는 좌절, 혼란, 불편함 등을 명확하게 작성하는 것이 중요합니다. 모든 단계에 페인포인트가 존재할 필요는 없으며, 페인포인트 역시 단계별로 여러 개를 작성할 수도 있습니다.

- **서비스 발견**: 추천만으로는 앱의 기능과 유용성을 확신하기 어렵다.
- **가입 및 설정**: 어떻게 프로필을 입력해야할지 시작이 어렵다.
- **매칭 및 초기 상호작용**: 적합한 언어 교환 파트너를 찾는 데 시간이 오래 걸리고, 매칭이 잘 이루어지지 않는다.
- **정기 사용 및 학습**: 대화 주제가 고갈되거나, 반복되면서 흥미를 잃기 쉽다.
- **피드백 및 개선**: 많은 양의 대화를 했지만 언어 실력이 늘었음을 확인하기 어렵다.

5. Needs(니즈): 사용자가 특정 단계에서 필요로 하는 것, 즉 해결해야 할 문제나 원하는 기능을 작성합니다. 새로운 서비스 또는 개선될 서비스에 대해 사용자가 무엇을 기대할지 생각해봅니다.

- **서비스 발견**: 더 많은 사용자 리뷰나 평가를 보고 신뢰도를 확인하고 싶다.
- **가입 및 설정**: 정보를 빠르게 입력하고 싶다, 참고할 만한 프로필을 확인하고 싶다.
- **매칭 및 초기 상호작용**: 자신의 언어 수준과 목표에 맞는 파트너를 쉽게 찾을 수 있는 필터링 기능이 필요하다.
- **정기 사용 및 학습**: 학습을 지속적으로 이어가기 위해 다양한 대화 주제와 콘텐츠가 필요하다.
- **피드백 및 개선**: 얼마나 발전했는지 학습 성과를 다양한 형태로 확인하고 싶다.

6. Opportunities(기회): 사용자의 페인포인트나 니즈를 해결하기 위해 서비스가 제공할 수 있는 개선 방향이나 새로운 기능에 대한 아이디어를 작성합니다.

- **서비스 발견**: 실제 사용자의 리뷰와 평가를 더 쉽게 볼 수 있는 콘텐츠를 제공할 수 있다.
- **가입 및 설정**: 사용자 프로필을 자동으로 채워주고 프로필 작성 템플릿을 다양하게 제공할 수 있다.
- **매칭 및 초기 상호작용**: 사용자 프로필과 매칭 알고리즘을 개선하여 더 정확한 파트너를 추천할 수 있다.
- **정기 사용 및 학습**: 대화를 쉽게 이어갈 수 있는 대화 가이드를 제공할 수 있다.
- **피드백 및 개선**: 학습 데이터 분석을 통해 성과를 보여주는 대시보드를 제공할 수 있다.

7. 완성된 사용자 여정지도를 살펴보면서 전체적인 흐름을 파악합니다.

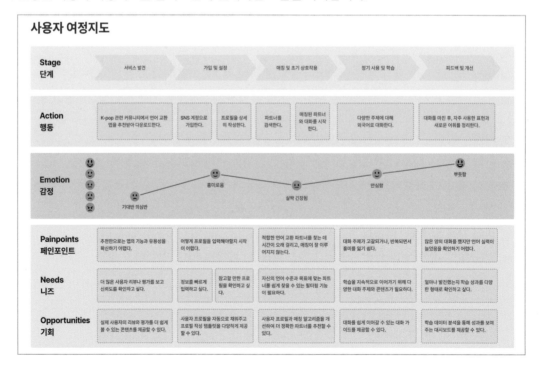

142 • 오늘부터 피그마

How Might We 질문과 아이디어 도출하기

사용자 여정지도에서 발견한 페인포인트, 니즈, 기회를 바탕으로 어떤 문제를 해결할 것인지 구체적인 HMW 질문을 만들어봅니다.

먼저, 사용자 여정을 단계별로 다시 살펴보면서 사용자가 겪고 있는 문제를 명확하게 이해합니다. 새로운 서비스를 만들 때 모든 문제를 다 해결할 수는 없기 때문에, 중요한 문제에 집중하여 HMW 질문을 만드는 것이 좋습니다.

HMW 질문은 "우리가 어떻게 하면 문제를 해결할 수 있을까?"와 같은 형식으로 작성합니다. 예시로 제공된 HMW 질문과 아이디어를 살펴보고 직접 템플릿에 작성해보세요.

HMW 1: 우리가 어떻게 하면 사용자가 자신의 관심사와 일치하는 파트너를 쉽게 찾을 수 있을까?

- 아이디어 1: 관심사와 내 정보를 구체적으로 작성할 수 있는 프로필 입력란 제공
- 아이디어 2: 사용자의 관심사와 학습 목표에 따라 파트너 추천
- 아이디어 3: 과거 대화 기록을 분석해 유사한 관심사를 가진 파트너를 우선적으로 추천

HMW 2: 우리가 어떻게 하면 사용자가 막힘 없이 지속적으로 대화를 이어갈 수 있을까?

- 아이디어 1: 대화 간격이 평균보다 길어졌을 때 대화 주제 추천
- 아이디어 2: 사용자가 설정한 학습 목표와 관심사에 맞는 대화 가이드 제공
- 아이디어 3: 대화 중 사용자가 자주 활용하는 단어를 분석하여 연관 주제 제시

HMW 3: 우리가 어떻게 하면 사용자가 자신이 학습한 내용을 확인하고 동기부여를 얻을 수 있을까?

- 아이디어 1: 사용자 활동을 시각적으로 보여주는 대시보드
- 아이디어 2: 대화 내용과 학습된 표현을 요약해주는 피드백 시스템
- 아이디어 3: 이전 대화에서 학습한 내용을 퀴즈 형태로 복습할 수 있는 기능 제공

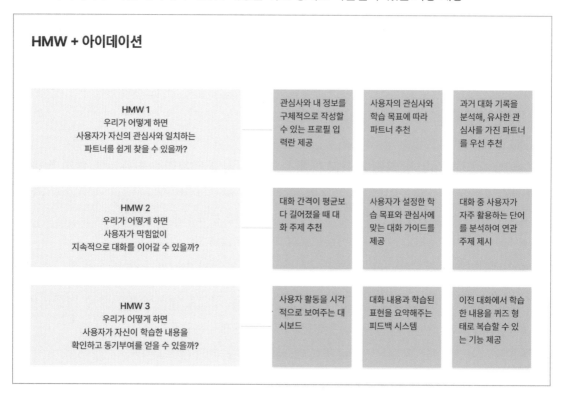

아이디어는 완벽하거나 당장 실현 가능한 것이 아니어도 괜찮습니다. 아이디어 발산 단계에서는 생각나는 모든 아이디어를 자유롭게 제시하는 것이 중요합니다. 함께 만드는 서비스라면 각 HMW 질문에 대해 최소 3개 이상의 아이디어를 도출해보고 팀원들과 아이디어를 공유한 후, 유사한 주제나 해결책을 중심으로 그룹핑해보는 것도 좋습니다.

03 핵심 기능과 와이어프레임

핵심 기능을 정의하고, 와이어프레임의 개념을 알아봅니다. 직접 핵심 기능별 대표 화면에 대해 와이어프레임을 그리면서 서비스를 구체화합니다.

핵심 기능 정의

핵심 기능은 사용자의 문제를 해결하는 데 중요한 역할을 하며, 서비스의 가치를 만들어내는 요소입니다. 핵심 기능을 정의할 때는 사용자가 겪고 있는 문제를 효과적으로 해결할 수 있는지에 중점을 두어야 합니다. 고도의 기술이 반드시 더 나은 사용자 경험으로 이어지는 것은 아닙니다. 사용자가 쉽게 이해하고 사용할 수 있는 기능을 핵심으로 선정했는지 확인하는 것이 중요합니다. 또한, 이미 시장에 있는 서비스와 차별화된 가치를 제공하는지도 고려해야 합니다.

Lesson 02에서 도출한 아이디어들을 바탕으로 핵심 기능 3가지를 정의해봅니다.

1) **관심사 기반의 프로필 카드**: 사용자의 관심사와 언어 능력을 기반으로 매칭 정확도를 높일 수 있는 프로필 카드를 작성한다.
2) **대화 주제 추천 가이드**: 사용자의 관심사와 대화 기록을 분석해 대화 흐름에 맞는 적절한 대화 주제를 추천한다.
3) **학습활동 대시보드**: 사용자의 학습 활동을 요약하고, 성과를 시각적으로 보여준다.

와이어프레임

와이어프레임은 본격적으로 UI 디자인을 하기 전에 화면의 구성을 단순하게 시각화하여 전체적인 구조와 흐름을 계획하는 도구입니다. 이를 통해 화면에 필요한 요소를 빠르게 배치하고, 기능의 흐름을 시각적으로 확인하여 사용자 경험을 구체화할 수 있습니다. 특히, 와이어프레임은 초기에 가볍게 설계할 수 있다는 점, 변경 사항에 대해 부담 없이 소통하고 수정할 수 있다는 점이 큰 장점입니다.

와이어프레임은 디테일 수준에 따라 Lo-Fi(Low Fidelity)와 Hi-Fi(High Fidelity)로 나눌 수 있습니다.

1) **Lo-Fi 와이어프레임**: 초기 기획 단계에서 주로 사용되며, 레이아웃과 기능 구성에 집중합니다. 간단한 박스와 선으로 이루어진 구조로 화면 흐름을 빠르게 구상하고, 기능과 콘텐츠의 위치를 대략적으로 정의할 때 유용합니다.

2) **Hi-Fi 와이어프레임**: 디자인의 세부 사항까지 반영하여 실제 화면에 가까운 형태를 보여줍니다. 색상, 이미지, 타이포그래피 등 시각적 요소를 포함하여 더욱 구체적으로 표현합니다.

제공된 템플릿 위에 핵심 기능에 대한 대표 화면의 와이어프레임을 직접 그려보세요.

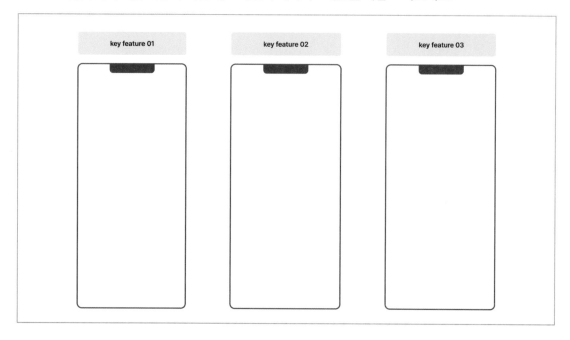

이 단계에서는 이미지와 텍스트 등 세부 콘텐츠와 디자인보다 화면의 전체적인 뼈대를 구상하는 것이 중요합니다. 이미지 영역은 네모 박스로, 텍스트는 '타이틀', '텍스트' 등으로 단순하게 표시하면 됩니다. 카드, 버튼, 입력창 등의 UI 요소가 어떤 크기로 어디에 배치될지를 고민하면서 화면을 구성합니다. 이 과정에서 다른 서비스의 화면 구성을 참고하는 것도 좋은 방법입니다.

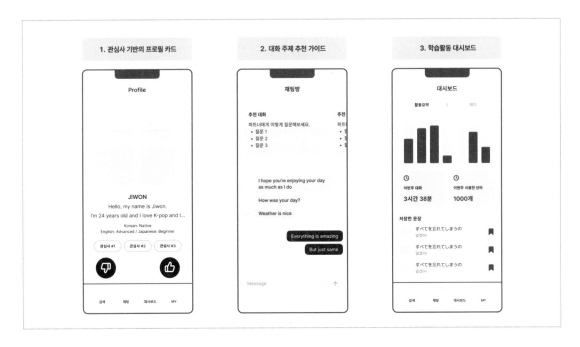

1. 관심사 기반의 프로필 카드
2. 대화 주제 추천 가이드
3. 학습활동 대시보드

피그마 파일에 바로 작업하지 않고 PDF 파일을 프린트하여 펜으로 선과 도형을 활용해 그려도 좋습니다. 실습 파일에 제공된 인쇄용 프레임을 PDF로 추출해서 사용하세요.

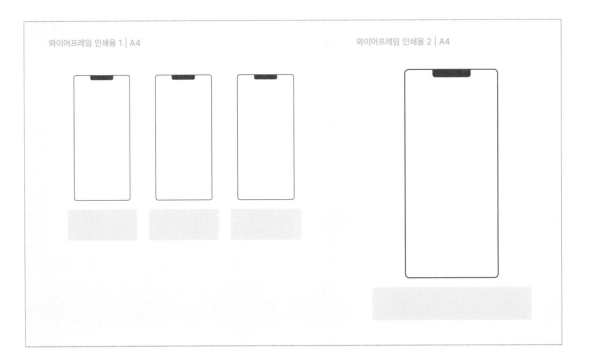

와이어프레임 인쇄용 1 | A4

와이어프레임 인쇄용 2 | A4

Deep Dive **다양한 디자인 프로세스**

더블 다이아몬드 모델 외 여러 디자인 프로세스에 대해 알아보고, UX 리서치 및 방법론을 배울 수
있는 리소스에 대한 정보를 소개합니다.

최근에는 전통적인 더블 다이아몬드 모델 또한 다양하게 변형하는 시도가 이루어지고 있으며, 더블 다이
아몬드 모델 외에도 여러 디자인 프로세스가 존재합니다. 각 프로세스는 프로젝트의 특성과 목표에 맞춰
활용할 수 있습니다.

1) **디자인씽킹 프로세스**(Design Thinking Process): 디자인씽킹은 사용자의 요구를 중심으로 문
제를 정의하고, 창의적인 해결책을 탐구하는 반복적인 과정입니다. 이 프로세스는 크게 공감
(Empathize), 문제 정의(Define), 아이디어 발산(Ideate), 프로토타입(Prototype), 테스트
(Test)의 5단계로 이루어져 있습니다. 디자인씽킹은 다양한 산업에서 혁신적인 제품과 서비스를 창
출하는 데 널리 사용됩니다.

2) **Lean UX 프로세스**: Lean UX는 Lean Startup의 원칙을 UX 디자인에 적용한 방법론으로, 짧은 반복 사이클을 통해 신속하게 사용자 피드백을 수집하고, 이를 기반으로 디자인을 개선하는 방식입니다. Lean UX는 최소 기능 제품(MVP)을 빠르게 개발하고, 반복을 통해 개선하는 데 중점을 두기 때문에 불확실성이 높은 프로젝트에 적합합니다.

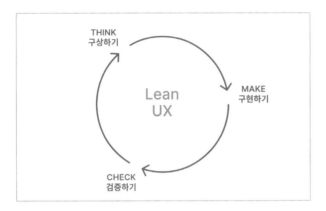

3) **Agile UX 프로세스**: Agile UX는 Agile 개발 방법론과 UX 디자인을 통합한 접근 방식으로, 스프린트(Sprint) 단위로 디자인과 개발이 동시에 진행됩니다. Agile UX에서는 팀 간의 긴밀한 협업과 사용자 피드백을 바탕으로 빠르게 반복하며 제품을 개선해 나갑니다. Agile UX는 사용자 요구의 변화에 민첩하게 대응할 수 있어, 빠르게 변화하는 시장 환경에 적합합니다.

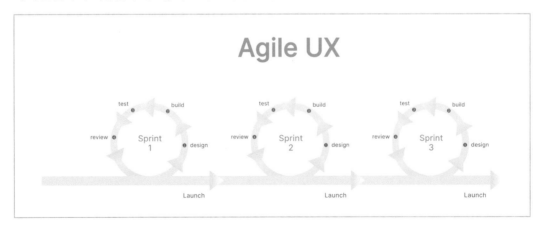

UX 방법론 더 알아보기

UX 지식을 더 쌓고 싶다면 다음과 같은 웹사이트를 참고해보세요.

IDEO U(https://www.ideou.com)
인간 중심의 혁신 접근법인 디자인씽킹을 전 세계에 널리 알린 회사 IDEO에서 만든 교육 플랫폼으로, 디자인씽킹과 브레인스토밍에 대한 다양한 리소스와 학습과정을 제공합니다.

Interaction Design Foundation(https://www.interaction-design.org)
UX 디자인, Lean UX, Agile UX 등 다양한 디자인 방법론에 대한 온라인 학습 자료를 제공하는 세계 최대의 UX 디자인 교육 플랫폼입니다.

Nielsen NormanGroup(https://www.nngroup.com)
UX 리서치와 디자인 원칙에 대한 깊이 있는 인사이트와 리포트를 제공하는 신뢰도 높은 연구 기관입니다.

Google Design(https://design.google)
Google의 디자인 철학과 방법론, 도구에 대한 정보를 얻을 수 있으며, 특히 최신 AI 기술을 활용한 디자인 사례를 확인할 수 있습니다.

메모하세요

chapter
02

핵심화면 UI 디자인

디자인시스템과 UI 키트

디자인시스템과 UI 키트, 라이브러리 기능을 이해하고 프로젝트 초기 디자인 작업의 효율성을 높이는 방법을 알아봅니다.

디자인 시스템(Design System)

디자인 시스템은 제품의 일관성을 유지하기 위해 디자인 원칙과 철학, 접근성, 톤 가이드라인, 디자인 패턴까지 폭넓은 디자인 요소를 정의하고 있습니다. 실무에서는 디자이너와 개발자, 마케터 등 다양한 부서의 인원의 원활한 협업을 위해 디자인 시스템을 갖추고 프로젝트를 진행하는 경우가 많습니다. 대표적인 디자인 시스템으로 애플(Apple)의 Human Interface Guidelines, 구글(Google)의 Material Design, IBM의 Carbon Design System 등이 있습니다.

Apple Human Interface Guidelines: https://developer.apple.com/design/human-interface-guidelines/
Google Material Design: https://m2.material.io/design/guidelines-overview
IBM Carbon Design System: https://carbondesignsystem.com/

UI 키트(UI kit)

UI 키트는 제품 전반을 가이드하는 **디자인 시스템의 일부**로 볼 수 있습니다. UI 키트는 **컴포넌트와 디자인 요소를 모아둔 템플릿**으로 버튼, 아이콘, 내비게이션 바 등이 포함됩니다. 이를 활용하면 디자이너가 처음부터 모든 컴포넌트를 직접 만들지 않고 빠르게 화면을 디자인할 수 있습니다.

피그마에서 기본적으로 제공하는 UI 키트 중 'Material 3 Design Kit'를 통해 UI 키트의 주요 요소를 살펴보겠습니다.

1) **Colors**(컬러): 컬러 팔레트는 제품의 시각적 일관성을 유지하는 중요한 요소입니다. 'Material 3 Design Kit'에서는 주요 색상(Primary), 보조 색상(Secondary), 중립 색상(Neutral Colors) 등으로 구성하여 다양한 상황에 맞는 색상 체계를 제공합니다.

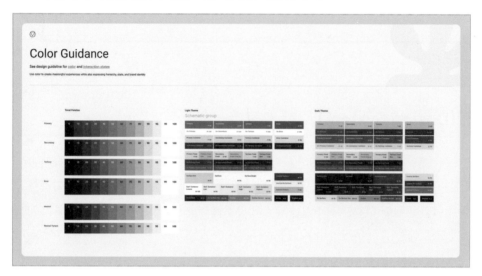

2) **Typography**(타이포그래피): 타이포그래피는 폰트, 크기, 줄 간격 등 텍스트 스타일을 정의합니다. 제목, 소제목, 본문, 캡션 등 시각적 계층 구조를 통해 사용자가 정보를 쉽게 파악할 수 있도록 돕습니다.

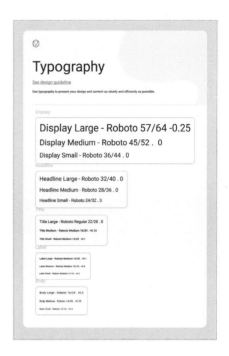

3) **Icons**(아이콘): 아이콘은 정보와 기능을 직관적으로 전달하는 시각적 요소입니다. 특정 기능이나 상태를 쉽게 이해할 수 있도록 설계되며, 동시에 브랜드의 개성을 표현하는 중요한 역할을 합니다.

4) **Components**(컴포넌트): 컴포넌트는 버튼, 카드, 입력 필드와 같은 재사용 가능한 UI 요소로, 여러 화면에서 반복적으로 사용됩니다. 각 컴포넌트는 필요에 따라 커스터마이징하여 프로덕트에 맞게 조정할 수 있습니다.

라이브러리(Library)

피그마의 라이브러리 기능은 디자인 시스템이나 UI 키트를 효율적으로 관리할 수 있는 도구입니다. [Assets] 탭 우측에 책 모양 [Libraries(라이브러리)] 버튼을 클릭하면, 사용 가능한 라이브러리 목록을 확인할 수 있습니다. 피그마에서는 기본적으로 파트너사의 UI 키트를 제공하고 있습니다. 만약, 키트가 더 이상 필요하지 않다면 라이브러리 목록에서 [Remove] 버튼을 눌러 비활성화합니다.

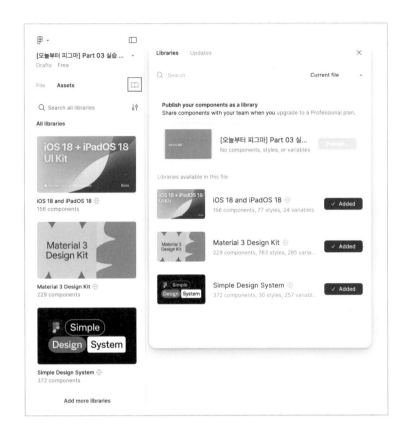

기본적으로 제공되는 UI 키트 외에 다른 디자인 파일의 컴포넌트들을 라이브러리화하여 내 디자인 파일에서 사용하려면 Professional 플랜이 필요합니다. 내 파일에 추가하는 방법을 알아보겠습니다.

1. 피그마 커뮤니티의 [Design Resources] - [UI kits]에서 프로젝트에 필요한 디자인 파일을 탐색합니다.

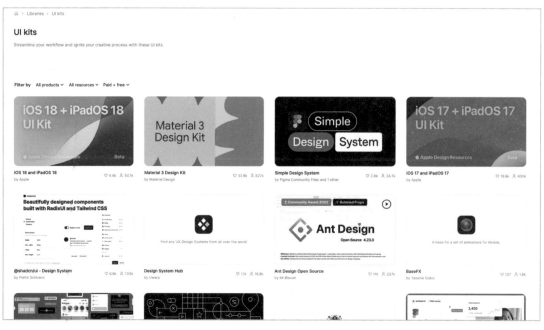

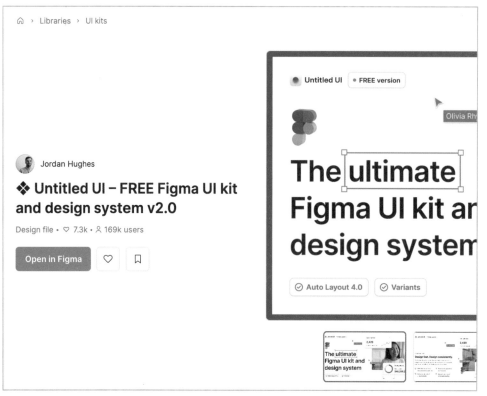

2. 원하는 디자인 파일을 열고 [Asset] - [Libraries]에서 현재 파일에 대해 [Publish] 버튼을 누릅니다.

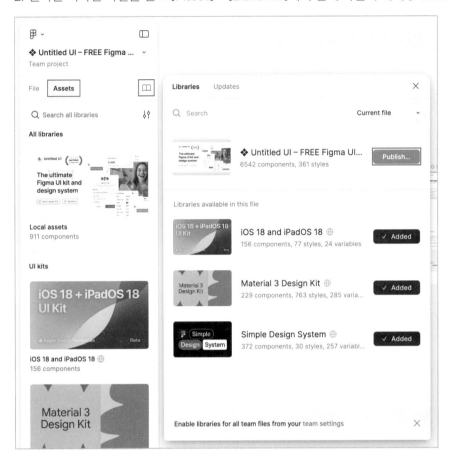

3. 컴포넌트와 스타일 중 일부만을 선택해 라이브러리로 추출할 수도 있습니다. 체크한 항목에 대해 [Publish] 버튼을 한 번 더 누릅니다.

4. 이 라이브러리를 활용할 디자인 파일을 열고 [Assets] – [Libraries]에서 [Your teams]를 선택합니다. 다른 파일에서 추출한 라이브러리를 현재 내 파일에 추가할 수 있습니다.

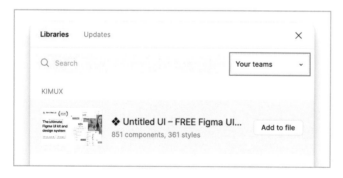

02 실습 준비

핵심화면 디자인에 필요한 UI 키트와 활용 방법을 알아봅니다.

실습 UI 키트 소개

앞으로 진행될 실습에서는 UI 키트를 활용한 디자인 시작 방법을 배우게 됩니다. 소개할 실습 UI 키트에는 필요한 디자인 요소들이 간단히 정의되어 있으며, 제공된 실습 파일의 각 페이지에서 확인할 수 있습니다.

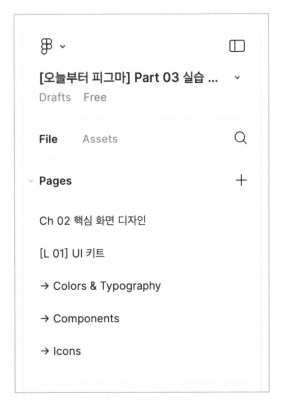

1) **Colors**(컬러)

① 주요 색상(Primary Color): 서비스의 주요 색상은 보라색이며, 명도와 채도를 조절한 세부 색상이 100부터 900까지의 범위로 지정되어 있습니다.

② 회색 계열(Gray Color): 흰색부터 검은색까지 다양한 명도로 이루어진 색상이 다양한 UI 요소(배경, 텍스트, 테두리 등)에 활용될 수 있도록 구성되어 있습니다.

③ 의미 색상(Semantic Color): 성공(Success), 오류(Error), 경고(Warning), 정보(Info) 상태에 맞는 색상이 정의되어 각 상태를 명확하고 효과적으로 전달할 수 있도록 설계되어 있습니다.

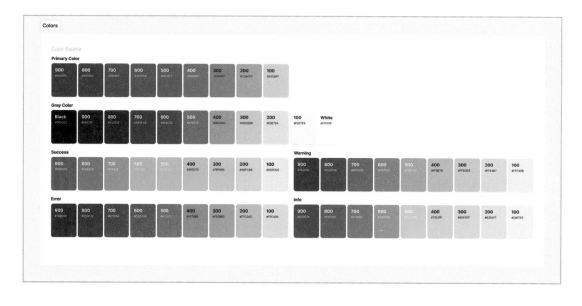

2) **Typography**(타이포그래피): 국문과 영문 모두 'Pretendard' 서체가 사용되었습니다. 제목(Title), 부제목(Subtitle), 본문(Body) 등 텍스트 위계에 따라 폰트의 크기, 줄 간격, 굵기가 조절되어 있습니다.

Typography

Typography

Pretendard

ABCDEFGHIJKLMNOPQRSTUVWXYZ

abcdefghijklmnopqrstuvwxyz

가나다라마바사아자차카타파하

1234567890?!(){}[]&*^%$#@~

Title	SubTitle	Body
Extra Large 28px, 34px / Bold	Large 20px, 26px / SemiBold	Extra Large 20px, 26px / Medium
Large 24px, 32px / Bold	Medium 16px, 20px / Medium	Medium 16px, 22px / Regular
Medium 18px, 24px / Bold	Small 14px, 18px / Medium	Small 14px, 18px / Regular
Small 16px, 22px / SemiBold	ExtraSmall 12px, 16px / Medium	Extra Small 12px, 16px / Regular
Extra Small 14px, 20px / SemiBold		

3) **Components**(컴포넌트): 화면 디자인에서 자주 사용되는 UI 요소들이 컴포넌트로 구성되어 있습니다. 각 컴포넌트는 기능에 따라 입력 필드(Input fields), 버튼(Buttons), 내비게이션(Navigations) 등으로 그룹화되어 있습니다.

4) **Icons**(아이콘): 오픈 소스인 'Lucide Icons'를 활용했습니다. 'Lucide Icons'는 외부에서 제공되는 아이콘 세트로, 다양한 UI 요소에 적합한 깔끔하고 직관적인 아이콘을 제공합니다.

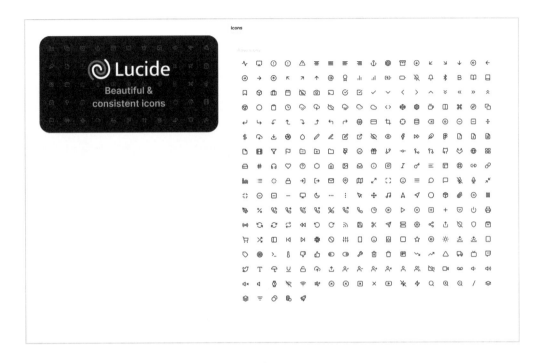

UI 키트 적용하기

다음과 같은 방법을 통해 UI 키트의 컴포넌트와 컬러, 텍스트 스타일을 디자인에 적용할 수 있습니다.

1) **컴포넌트 삽입하기**: [Assets] 탭의 라이브러리(Libraries)에서 현재 파일에서 사용할 수 있는 UI 키트를 확인하고, 디자인 요소를 삽입할 수 있습니다. [Created in this file]에서 '→ Components'를 선택하고 원하는 디자인 요소를 클릭한 후, [Insert instance] 버튼을 눌러 삽입합니다.

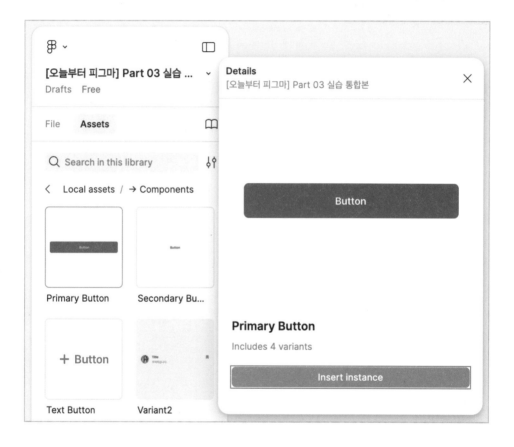

2) **컬러 스타일 적용하기**: 색상을 지정하려는 디자인 요소를 클릭한 후, 우측 사이드바의 [Fill] 패널로 이동합니다. [Apply styles and variables] 버튼을 클릭하거나 이미 지정된 색상을 선택한 후, 미리 정의된 컬러 스타일을 선택하여 해당 요소에 색상을 적용할 수 있습니다.

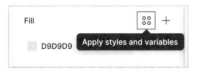

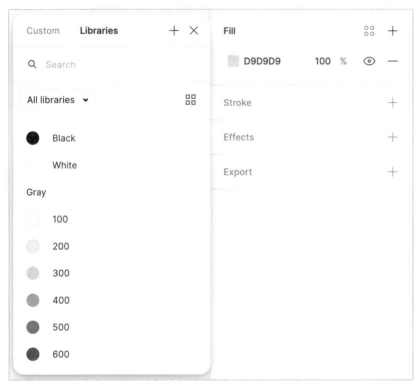

새로운 컬러 스타일을 추가하고 싶을 때는 [Apply styles and variables]를 클릭해 나온 패널의 [+] 버튼을 클릭하여 스타일을 추가합니다.

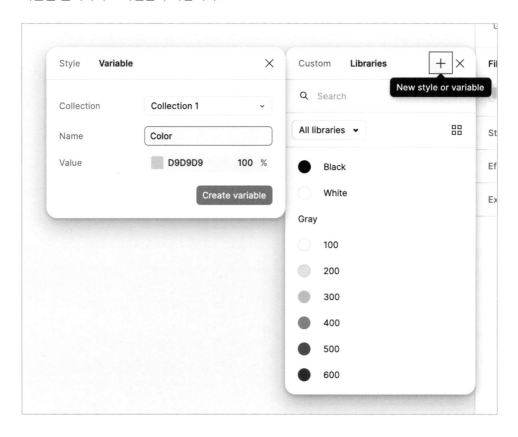

기존의 컬러 스타일을 변경하고 싶을 때는 컬러의 우측에 표시되는 [Edit style] 버튼을 클릭하여 스타일의 이름(Name), 색상 속성(Properties) 등을 변경합니다.

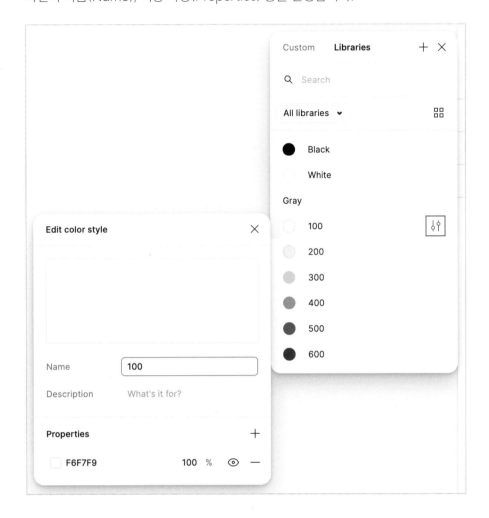

3) **텍스트 스타일 적용하기**: 작성한 텍스트 요소를 클릭하고, 우측 사이드바의 Text 패널로 이동합니다. [Apply styles] 버튼을 클릭하고 원하는 텍스트 스타일을 클릭하고 스타일을 지정합니다.

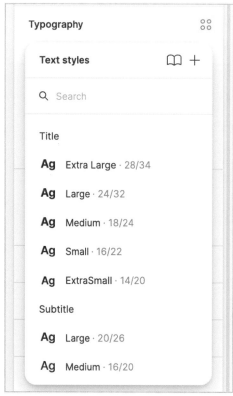

새로운 텍스트 스타일을 추가하거나 기존 스타일을 변경하고 싶을 때는 [Create style] 혹은 [Edit style] 버튼을 클릭하여 상세 내용을 지정합니다.

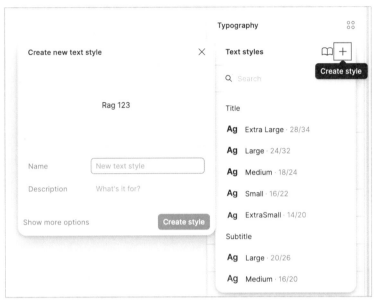

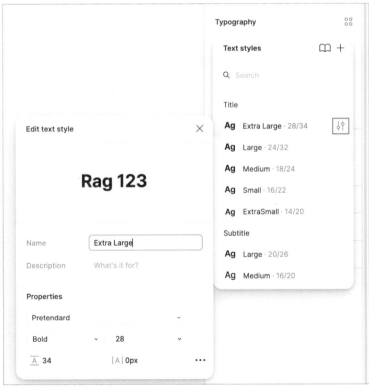

실습   프로필 UI

제공된 실습 UI 키트를 기반으로 인스턴스를 배치하고, 옵션을 수정하며 빠르게 디자인을 시작합니다. 컴포넌트에 새로운 배리언트를 추가하는 방법까지 알아봅니다.

★ **실습 파일**: [오늘부터 피그마] Part 03 실습 통합본 – 프로필 UI

인스턴스 배치 및 옵션 수정

01

단축키 F를 누르고 프레임 프리셋 중 'iPhone 13 & 14'를 선택합니다. 프레임을 배치하고 프레임 제목을 '정보 입력'으로 변경합니다.

02

[Assets] – [Created in this file] – [→ Components] 중 'Status Bar'를 검색합니다. 해당 컴포넌트를 선택하고 [Insert Instance] 버튼을 눌러 인스턴스를 삽입합니다. 인스턴스를 프레임 상단에 배치한 후, 마찬가지로 'Top Navigation' 인스턴스를 찾아 'Status Bar' 바로 아래에 배치합니다.

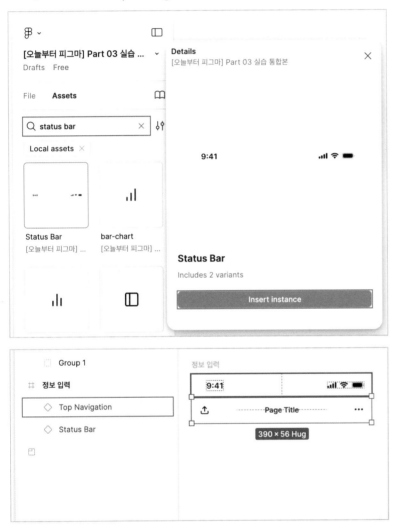

03

프로필 생성 단계를 표시하기 위해 'Top Navigation' 인스턴스의 'Type' 을 'Progress'로 변경합니다.

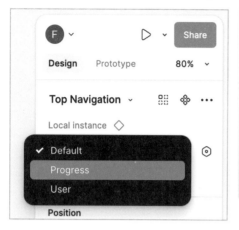
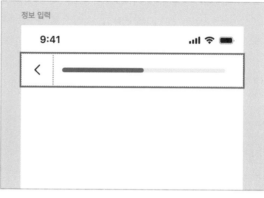

04

다음으로 'Heading' 인스턴스를 삽입하고 너비를 '342'로 변경합니다. [Align horizontal centers]를 선택하여 프레임 중앙에 정렬하고, 'Top Navigation'과 상하 간격이 '24'가 되도록 합니다. 텍스트 내용은 '프로필 만들기'로 수정합니다.

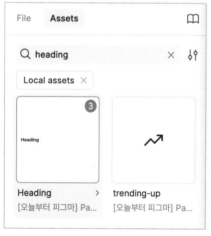
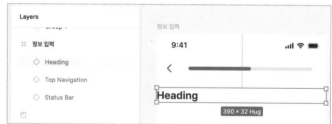

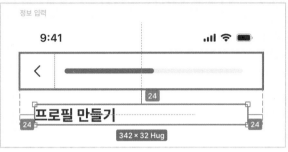

05

'Thumbnail'과 'Input field' 인스턴스도 삽입하여, 차례대로 상하 간격 '24'를 맞춰 아래에 배치합니다.

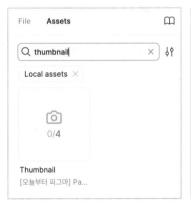

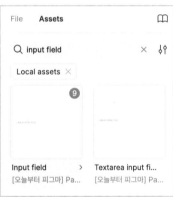

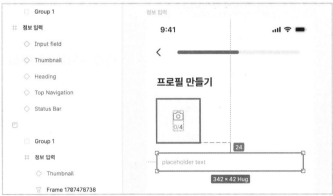

06

우측 패널에서 'Label' 옵션을 활성화합니다. 'Label'과 'Placeholder text'에 해당하는 내용을 각각 '이름', '이름 입력'으로 수정합니다.

07

05에서 배치한 'Input field' 인스턴스를 복제하고 상하 간격 '32'에 맞춰 배치합니다. [Design] – [Swap instance]에서 'Input field' 인스턴스를 'Textarea input field'로 변경합니다. 'Label' 속성을 활성화하고 '짧은 소개'로 수정합니다. 'Placeholder text' 텍스트 또한 '소개 입력'으로 수정합니다.

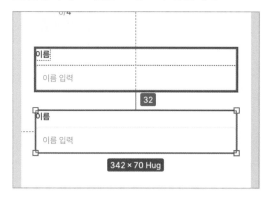 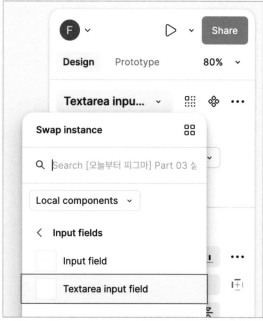

새로운 배리언트 추가하기

'Input field' 컴포넌트에 가능한 언어와 수준을 함께 선택하는 새로운 배리언트를 추가해봅니다.

01

Components 페이지의 'Input fields' 섹션으로 이동합니다. 레이블과 검색 아이콘이 있는 Input field를 빈 공간에 복사하고, [마우스 우클릭] – [Detach instance]를 클릭하여 기존 컴포넌트와 연결을 해제합니다.

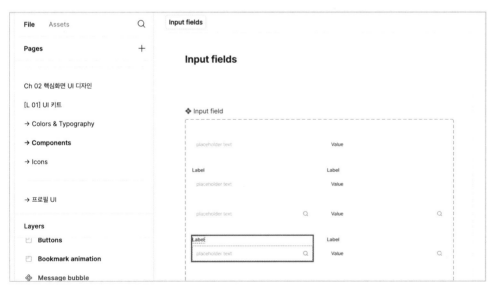

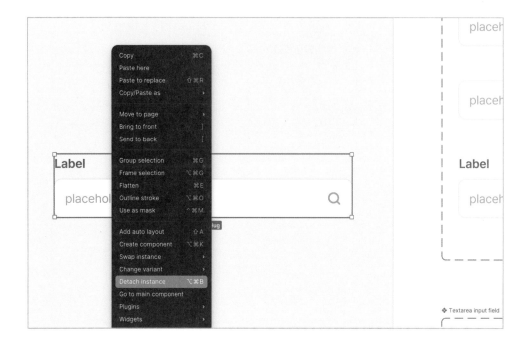

02

'Field' 레이어를 클릭하고 복사 후 붙여넣기하여 2열 구조를 만듭니다.

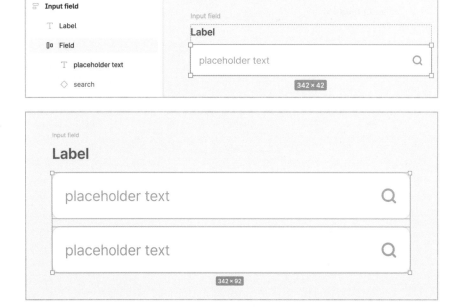

03

두 'Field' 레이어를 함께 선택하고 ⌈ Shift ⌉+Ⓐ를 눌러 오토 레이아웃을 적용합니다. 레이아웃 방향을 [Horizontal layout]으로 변경하고, 아이템 사이의 간격을 '8'로 변경합니다.

04

'Input field' 레이어를 선택하고 [Create component] 버튼을 눌러 컴포넌트화합니다.

05

'Input field' 컴포넌트 세트의 빈 곳에 컴포넌트를 끌어다 놓습니다. 해당 컴포넌트의 Current variant 옵션을 각각 State: 'Placeholder', Label: 'True', Icon: 'True'로 지정합니다.

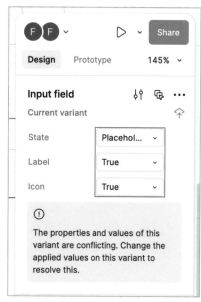

06

기존 배리언트와 속성명, 속성값이 겹치면 충돌하기 때문에 새로운 속성을 추가합니다. 'Input field' 컴포넌트 세트를 선택하고, [Create component property] 버튼을 누릅니다. [Variant] 선택 후 배리언트 명을 'Column'으로 설정합니다.

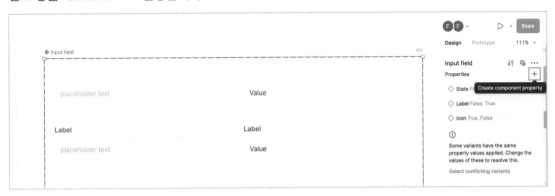

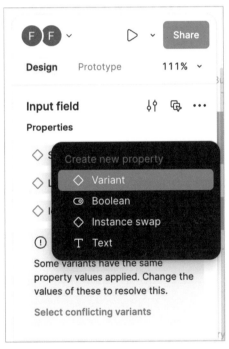

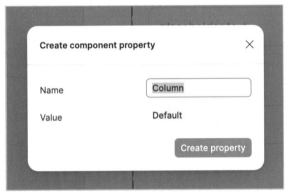

07

첫 번째 컴포넌트를 선택한 상태에서 [More actions] – [Select matching layers]를 클릭하면 컴포넌트 세트 내 모든 컴포넌트가 선택됩니다.

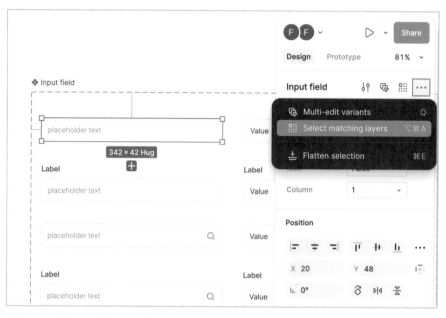

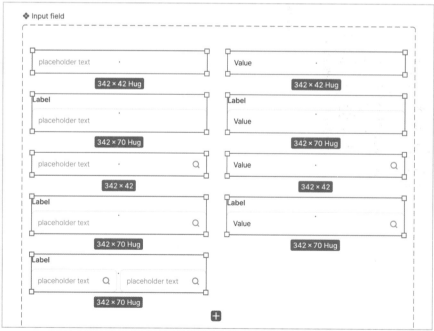

08

해당 상태에서 [Shift]를 누른 채 새로 추가한 2열 컴포넌트를 클릭하여 선택에서 제외합니다. 총 8개의 컴포넌트가 선택된 상태에서 'Column' 값을 '1'로 입력합니다.

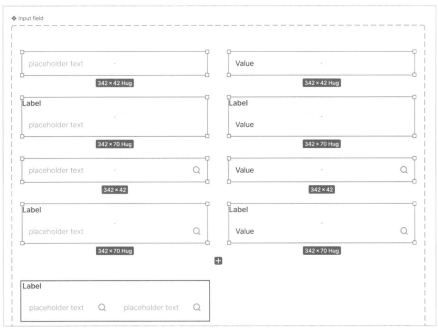

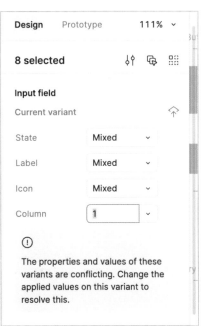

09

2열로 구성된 컴포넌트는 'Column' 값을 '2'로 변경합니다.

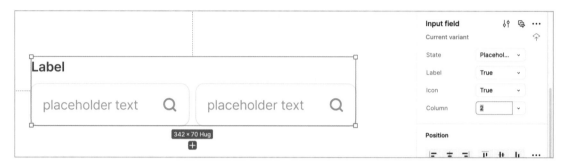

추가한 인스턴스 삽입하기

다시 실습파일의 프로필 UI 페이지로 돌아와 인스턴스를 배치하여 디자인을 마무리해봅니다.

01

이름 'Input field' 인스턴스를 복제하여 짧은 소개 인스턴스와 '32' 간격을 두고 배치합니다. [Design] 탭에서 'Column' 속성의 값을 '2'로 변경하고, 'Icon' 속성을 활성화합니다.

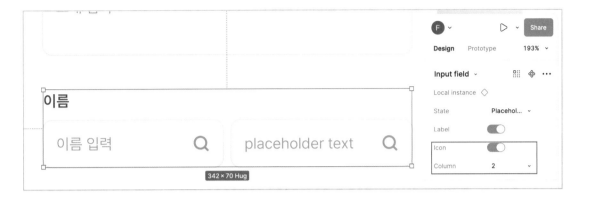

02

레이블의 텍스트를 '가능한 언어', '언어 검색', '수준 선택'으로 변경합니다. 두 번째 열의 검색 아이콘을 선택하고, 'Swap instance' 메뉴를 통해 'chevron-down' 아이콘으로 변경합니다.

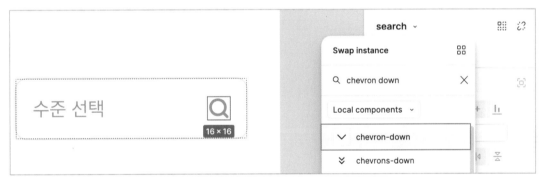

03

'Text Button' 인스턴스를 삽입하고, '가능한 언어' 인스턴스와 오토 레이아웃으로 처리합니다. 아이템 사이 간격을 '24'로 설정합니다. 'Button'의 텍스트를 '언어 추가'로 변경합니다.

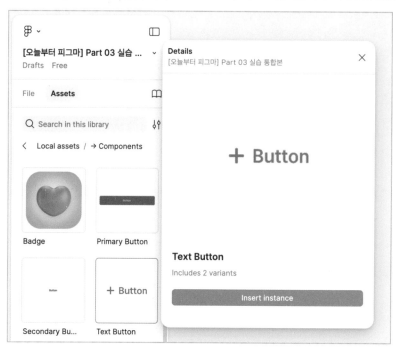

오토 레이아웃이 처리되지 않을 때

[Assets] 탭에서 추가한 인스턴스가 프레임 내부에 위치하지 않으면, 오토 레이아웃이 제대로 적용되지 않을 수 있습니다. 인스턴스를 배치할 때는 [File] – [Layers]에서 선택한 인스턴스가 원하는 프레임 내부에 위치하고 있는지 반드시 확인하세요.

만약 인스턴스가 프레임 밖에 위치해 있다면, 인스턴스를 클릭하여 프레임 외부로 완전히 드래그한 뒤, 프레임 내부로 다시 배치하세요. ⌘(Cmd)/Ctrl + X로 인스턴스를 잘라내고, 원하는 프레임 선택 후 ⌘(Cmd)/Ctrl + V로 다시 붙여넣는 방법을 사용할 수도 있습니다.

04

'Primary Button' 인스턴스를 검색하여 삽입한 후, 프레임 하단에서 '40px' 위에 배치합니다. 'State' 속성을 'Disabled'로 변경하고, 버튼의 텍스트를 '다음'으로 수정하여 화면을 완성합니다.

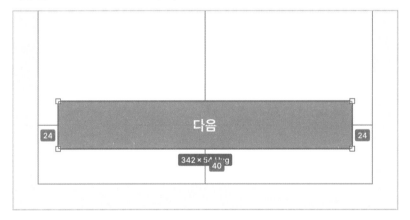

실습 파일에서 제공되는 추가 UI를 통해 인스턴스 활용에 대한 내용을 복습할 수 있습니다.

텍스트 말줄임 처리하기

피그마에서는 줄 수에 따른 자동 말줄임 기능을 제공합니다. 텍스트를 클릭하고 [Typography]의 'Type settings' 메뉴를 클릭합니다. [Truncate text] 옵션을 'A⋯'로 변경합니다. [Max lines]에 내용 노출을 원하는 줄 수만큼 입력합니다. 예를 들어, '2' 입력 시 최대 2줄까지만 텍스트가 노출되고 말줄임 처리됩니다.

실습 채팅 UI

UI 키트에 없는 새로운 디자인 요소인 카드 UI와 메세지 버블 UI를 직접 제작해봅니다. 반복적으로 사용될 가능성이 높은 디자인 요소의 경우에는 컴포넌트화하여 UI 키트에 추가합니다.

★ **실습 파일**: [오늘부터 피그마] Part 03 실습 통합본 - 채팅 UI

이전 레슨에서는 UI 키트에 포함된 디자인 요소를 활용하여 디자인하는 방법을 학습했습니다. 그러나 디자인을 진행하다 보면 UI 키트에 없는 맞춤형 디자인 요소의 제작이 필요한 순간이 있습니다. 자주 사용되는 요소는 UI 키트에 추가하여 일관성을 유지하되, 일회성 디자인 요소는 추가하지 않고 UI 키트의 복잡도를 낮추는 게 좋습니다.

이번 레슨에서는 두 가지 버전의 카드 UI를 디자인해 봅니다. 메세지 버블 UI의 경우에는 디자인 이후 컴포넌트화까지 진행하여, UI 키트에 새로운 컴포넌트 세트를 추가하는 방법을 배워봅니다.

카드 UI

01

[Assets] - [Created in this file] - [→ Components]에서 'Avatars' 인스턴스를 삽입합니다. 인스턴스의 'Size'를 '40'으로 선택합니다.

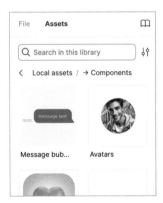

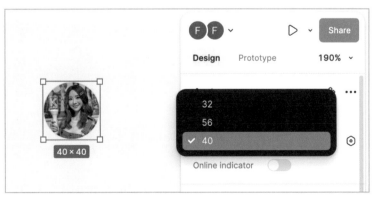

02

[T]를 눌러 'Yuuki님과 이런 대화 어때요?'를 입력합니다. [Typography] – [Apply styles] 메뉴에서 'Title/Medium'을 선택합니다. [Fill] – [Apply styles and variables]에서 'White'를 선택해 색상을 변경합니다.

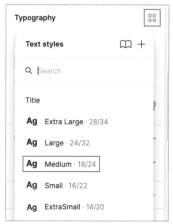
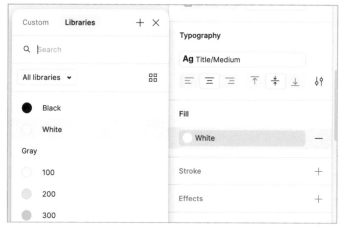

03

'Avatars' 인스턴스와 텍스트를 모두 선택하고 [Shift]+[A]를 눌러 오토 레이아웃으로 처리합니다. [Horizontal layout]으로 두 아이템을 가로로 정렬한 후, 간격을 '12'로 설정합니다.

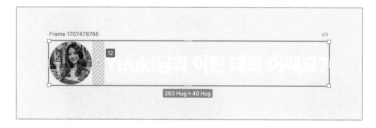

04

'최근 재밌게 본 뮤직비디오가 있나요? K-POP을 좋아하는 Yuuki과 이야기해보세요!' 라는 텍스트를 입력하고 스타일은 'Body/Small', 색상은 'White'를 적용합니다. 텍스트와 **03**에서 오토 레이아웃 처리한 프레임을 모두 선택하고, 한 번 더 오토 레이아웃을 적용합니다. 레이아웃 방향을 [Vertical layout]으로 처리하고, 상하 간격을 '12'로 설정합니다.

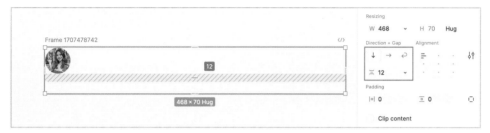

05

'Secondary Button' 인스턴스를 삽입하여 'Size' 속성을 'Medium'으로 변경합니다. 버튼 내 텍스트를 'Yuuki와 대화하기'로 변경하고, **04**에서 만든 디자인 요소와 함께 선택 후 오토 레이아웃 처리를 한 번 더 진행합니다. 상하 간격은 '24', 가로와 세로 패딩 값은 각각 '20'으로 설정합니다.

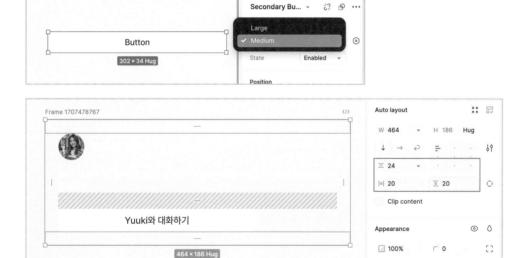

06

프레임의 너비를 '342'로 변경하고, [Fill] 값은 'Primary/400'으로 설정합니다. [Appearance] – [Corner radius']를 '12'로 변경하여 둥근 카드 형태를 만듭니다.

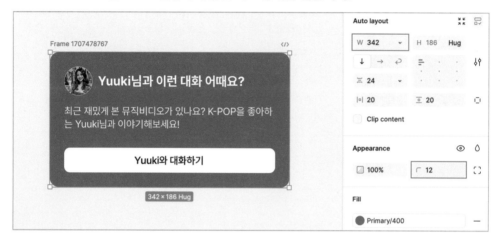

07

카드 프레임 선택 후 ⌘(Cmd)/Ctrl+C를 눌러 복사합니다. 채팅목록에 카드 UI가 들어갈 프레임을 클릭하고, Shift+⌘(Cmd)/Ctrl+R을 통해 대체해줍니다.

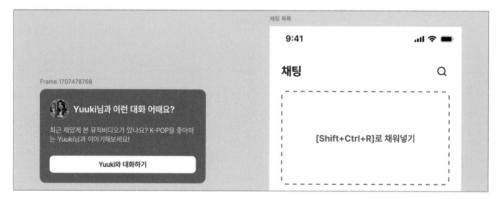

플러그인을 활용한 카드 UI 디자인

피그마의 커뮤니티에서는 디자인 작업을 효율적으로 도와줄 수 있는 다양한 플러그인들이 제공되고 있습니다. 로컬 컴포넌트에 등록되지 않은 아이콘이 필요할 경우, 'Iconify' 플러그인을 사용하면 필요한 아이콘을 손쉽게 찾아서 삽입할 수 있습니다.

01

피그마 커뮤니티에 접속합니다. 검색창에 'Iconify'를 입력하거나, 상단 [Design resources] – [Assets] – [Icons]를 클릭합니다. 'Iconify' 우측에 있는 [Open in…] 버튼을 클릭하고, 실습 파일을 선택합니다.

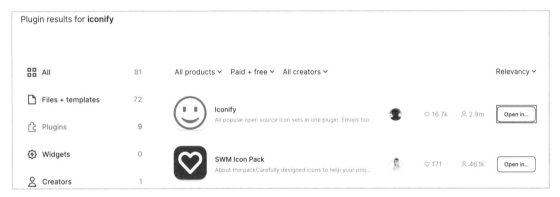

02

연결된 실습 파일에서 'Run'을 클릭해 플러그인을 활성화합니다.

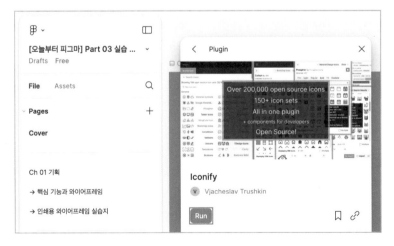

03

'채팅 UI' 페이지를 선택하고, 'Iconify'의 검색창에 'fluent sparkle'을 입력하여 아이콘을 찾고 [Import Icon] 버튼을 클릭해 파일에 삽입합니다.

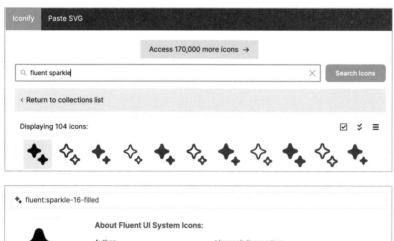

04

플러그인을 닫고, 삽입한 아이콘의 너비와 높이를 '20'으로 변경합니다. 크기 변경 시 [Constrain proportions] 옵션을 활성화하면, 너비와 높이의 수치가 같은 비율로 조정됩니다. 프레임 내부의 아이콘을 클릭하고 [Fill] 색상은 'Primary/500'으로 설정합니다. 삽입한 아이콘이 보이지 않는 경우, Layers 패널에서 아이콘을 선택하고 ⌘ (Cmd)/ Ctrl +X로 잘라낸 후, 원하는 위치에 ⌘ (Cmd)/ Ctrl +V로 붙여넣습니다.

05

[T]를 통해 텍스트를 삽입하고 '추천 대화'라고 내용을 입력합니다. 텍스트 스타일은 'Subtitle/Medium', [Fill] 스타일은 'Primary/500'으로 변경합니다. 삽입한 아이콘과 텍스트에 오토 레이아웃을 적용하고, 아이템 간의 간격을 '4'로 설정합니다.

06

'Tag' 인스턴스를 삽입하고 속성 'Color'는 'Primary'로, 'Size'는 'Medium'으로 변경합니다. 태그의 내용을 'K-POP'으로 입력합니다. 모든 프레임을 선택하고 오토 레이아웃으로 처리합니다.

07

'재밌게 본 뮤직비디오에 관해 이야기하기' 텍스트를 입력하고, 스타일을 'Subtitle/Medium'으로 선택합니다. 만약, 이미 텍스트의 스타일이 적용되어있다면 우측의 [Detach style] 버튼을 클릭하여 스타일을 해제하고 다시 선택합니다.

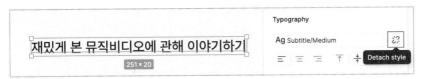

08

이번에는 상세 내용 텍스트를 입력하고, 'Body/Small'로 텍스트 스타일을 지정합니다. 3개의 프레임을 오토 레이아웃으로 처리하고, 아이템 사이의 간격을 '4'로 설정합니다.

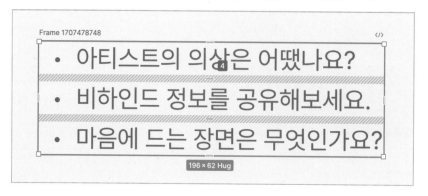

09

'재밌게 본 뮤직비디오~' 프레임과 상세 내용 프레임을 오토 레이아웃으로 처리하고, 아이템 사이의 간격을 '12'로 설정합니다. '추천 대화' 프레임과 함께 오토 레이아웃으로 다시 처리한 후, 아이템 간격을 '16'으로 설정합니다. 프레임의 너비를 '324'로 설정하고, 가로 및 세로의 패딩을 '20'으로 설정합니다.

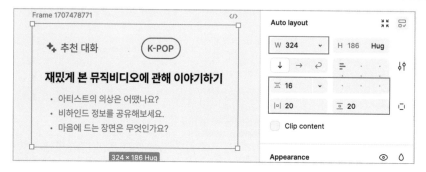

10

이어서 [Corner radius] 값을 '12'로 설정합니다. [Fill] 스타일을 'White', [Stroke]는 'Gray/200'으로 지정합니다. [Effects] 패널에서 [+] 버튼을 클릭하여 그림자 효과를 추가합니다. [Effect settings]에서 X:0, Y: 2, Blur: 8, 색상: 000000, 투명도: 4%로 값을 상세하게 조정합니다.

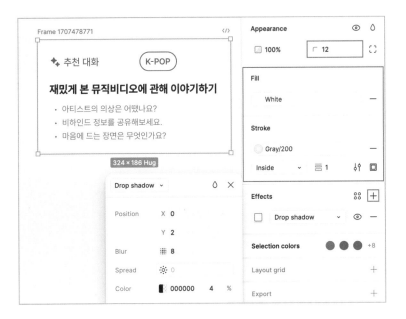

11

아이콘, 추천 대화, K-POP 태그를 포함하는 프레임 선택 후 [Frame] - [Horizontal resizing] 옵션을 [Fill container]로 변경합니다. 프레임을 ⌘(Cmd)/Ctrl + C로 복사하고 카드 자리를 선택한 후, Shift + ⌘(Cmd)/Ctrl + R을 통해 대체합니다.

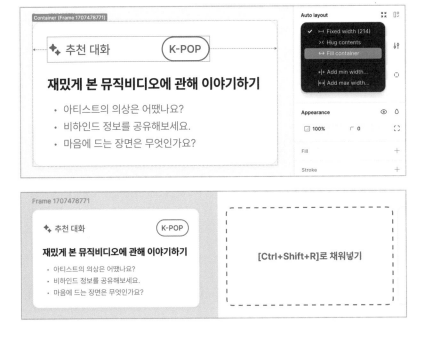

메세지 버블 UI 디자인

01

[T]를 통해 텍스트를 삽입하고, 'message text'라고 내용을 입력합니다. 이때, 텍스트 스타일은 'Body/Medium'을 선택하고, [Fill] 색상은 'White'로 지정합니다.

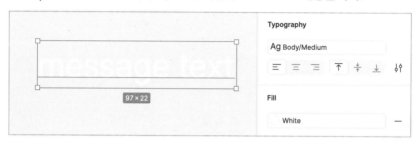

02

텍스트에 오토 레이아웃을 적용하고 좌우 패딩을 '16', 상하 패딩을 '12'로 변경합니다. [Fill] 색상은 'Primary/500'으로 지정합니다. [Appearance] – [Individual corners]에서 모서리 둥글기를 각각 '16, 16, 0, 16'으로 설정합니다.

03

하단 툴바에서 [Shape tools] – [Polygon]을 선택하고 빈 화면에 드래그하여 꼬리 모양을 만듭니다.

04

도형을 더블클릭하여 벡터 편집 모드로 진입합니다. 상단 꼭지점을 선택하고, 하단 왼쪽 꼭지점과 일직선이 되도록 위치를 옮깁니다. 하단 오른쪽 꼭지점을 선택하고, [Vector] – [Corner radius]를 '2'로 변경합니다. 빈 화면을 더블클릭하여 편집을 마무리합니다.

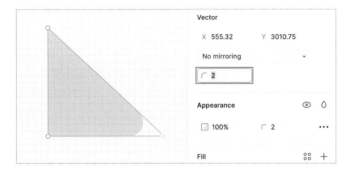

05

도형의 너비를 '10', 높이를 '13'으로 입력하고, [Fill]은 'Primary/500'으로 지정합니다. 메세지 버블과 꼬리를 모두 선택하고 오토 레이아웃을 적용합니다.

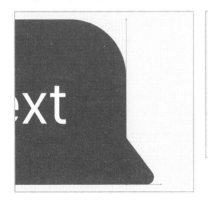

06

메시지의 발신 시간을 나타내기 위한 요소를 추가해봅니다. 텍스트를 삽입하고 '00:00'으로 내용을 입력합니다. Text의 스타일은 'Body/ExtraSmall'로, [Fill]은 'Gray/400'으로 지정합니다. 발신 시간을 메세지 버블의 왼쪽에 배치하고 함께 선택한 후, 오토 레이아웃으로 처리합니다. 아이템 사이의 간격은 '8'로 설정합니다.

07

프레임을 선택하고 'Create component' 버튼을 눌러 컴포넌트화하고, [Add variant] 버튼을 클릭합니다. 컴포넌트 세트의 이름을 'Message bubble'로 설정하고, Property명을 'Type'으로 변경하여 첫번째 말풍선은 'Sender', 추가한 말풍선은 'Reciever'로 속성을 입력합니다.

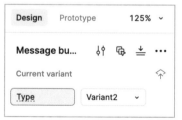

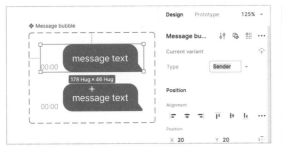 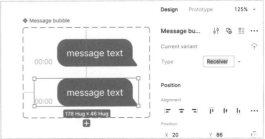

08

'Receiver' 말풍선의 발신 시간을 선택하고 키보드의 →를 이용해 추가한 컴포넌트의 발신 시간 위치를 오른쪽으로 변경합니다. 메시지 버블의 꼬리 부분을 선택하고 왼쪽으로 위치를 변경합니다. [마우스 우클릭] – [Flip horizontal]을 선택하여 꼬리의 방향을 반전시킵니다. 말풍선 영역을 선택하고, '16, 16, 16, 0'으로 모서리의 둥글기를 수정합니다.

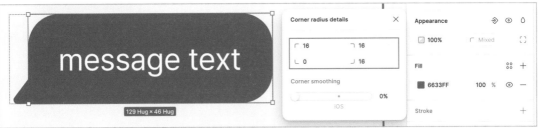

09

컴포넌트를 선택하고 [Design] – [Selection colors]에서 'Primary/500'을 'Gray/100'으로 변경합니다. 동일한 방법으로, 'White'를 'Gray/900'으로 변경합니다.

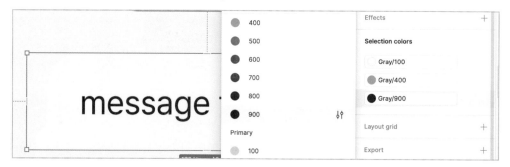

10

컴포넌트 세트 클릭 후 ⌘(Cmd)/Ctrl + X를 통해 페이지에서 잘라내고, [Layers] 탭의 'Components' 페이지로 이동합니다. 'Message bubbles' 섹션에 ⌘(Cmd)/Ctrl + V를 눌러 잘라낸 컴포넌트 세트를 붙여넣습니다.

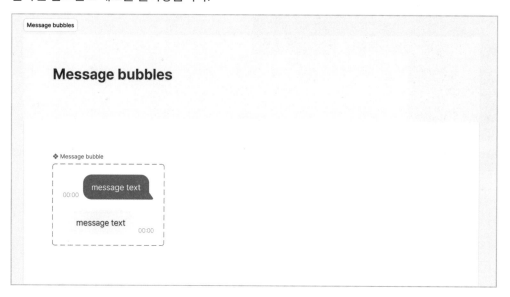

11

다시 실습 페이지로 돌아옵니다. 새롭게 추가한 'Message bubbles' 인스턴스를 삽입하여, 말풍선을 배치하고 내용을 채워봅니다.

실습 대시보드 UI

스마트 애니메이트(Smart Animate) 기능을 활용한 아이콘 애니메이션 효과와 오버레이 열기(Open Overlay) 기능을 사용한 모달 제작을 통해, 보다 생동감 있는 프로토타입을 만들어봅니다.

★ **실습 파일**: [오늘부터 피그마] Part 03 실습 통합본 – 대시보드 UI

직관적인 프로토타이핑과 더불어, 스마트 애니메이트(Smart animate) 기능은 피그마의 핵심 기능 중 하나입니다. 스마트 애니메이트는 간단한 설정만으로도 자연스러운 전환을 구현할 수 있게 해주며, 두 개의 프레임에서 동일한 이름의 요소를 감지하여 위치, 크기, 불투명도, 회전, 색상 등의 변화를 자동으로 인식해 부드러운 애니메이션을 생성합니다.

이번 레슨에서는 프로그레스 바를 통해 스마트 애니메이션의 기본 원리를 이해하고, 북마크 클릭 시 나타나는 애니메이션을 직접 구현해 봅니다. 또한, 오버레이 열기(Open overlay) 기능을 활용해 더 복잡하고 생동감 있는 프로토타입을 구현하는 방법도 함께 배워봅니다.

바 차트를 통한 스마트 애니메이트 이해하기

대시보드 화면 진입 시, 대화 시간을 나타내는 바 차트가 상승하는 애니메이션을 구현해 봅니다.

01

준비된 3개의 바 차트를 모두 드래그하여 선택하고 [Create multiple components]를 눌러 컴포넌트화한 후, [Combine as variant]로 하나의 컴포넌트 세트를 만듭니다. 컴포넌트 세트의 이름을 'Bar chart'로 변경합니다.

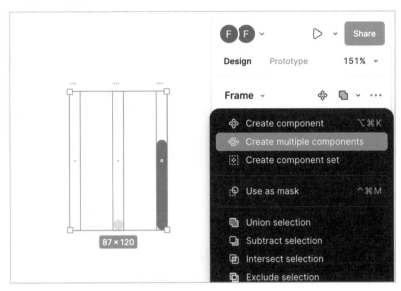

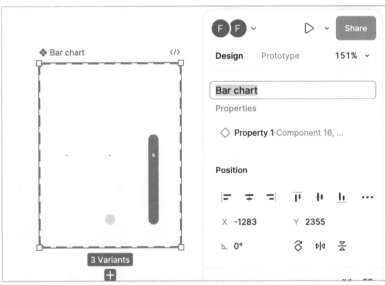

02

속성명을 'State'로 변경한 후, 3가지 바 차트의 속성값을 각각 'State 0', 'State 1', 'State 2'로 변경합니다.

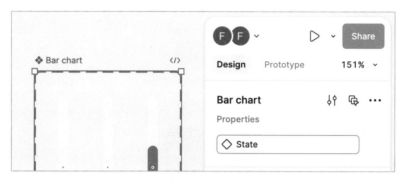

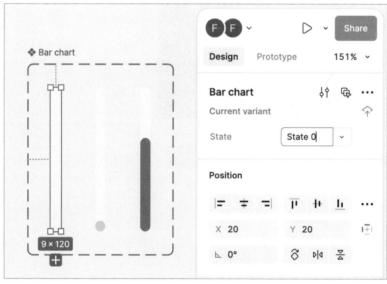

03

[Prototype] 탭으로 이동하여, '대시보드 1-1'을 선택하고 [Flow starting point] 의 [+] 버튼을 눌러 '바 차트' 플로우를 생성합니다.

04

첫 번째 바 차트와 두 번째 바 차트를 화살표로 연결하고, 화면 진입 즉시 애니메이션 실행을 위해 [Trigger]를 'After delay', [Animation]을 'Instant'로 설정합니다.

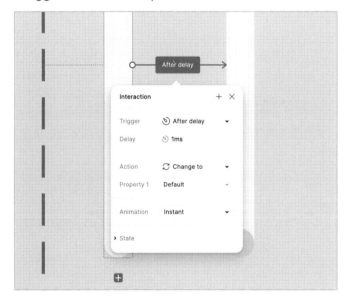

05

두 번째 바 차트에서 세 번째 바 차트로 화살표를 연결한 후, 마찬가지로 트리거를 [After delay], 지속 시간을 '1ms'로 입력합니다. 애니메이션은 [Smart animate]로 설정 후 커브 옵션은 [Gentle]을 선택합니다.

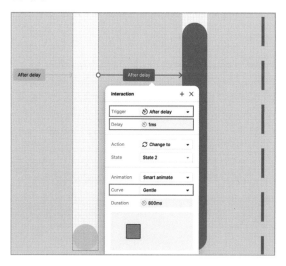

06

'State 0' 컴포넌트를 선택하여 ⌘(Cmd)/Ctrl + C로 복사한 후, 대시보드 화면의 첫 번째 바 차트를 클릭하고 Shift + ⌘(Cmd)/Ctrl + R을 통해 대체합니다. '바 차트' 플로우의 재생 버튼을 클릭하여 애니메이션 프로토타입을 확인합니다.

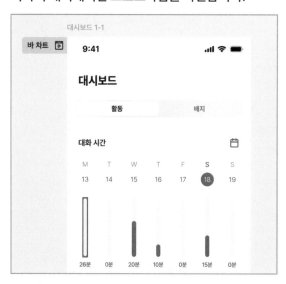

07

상단의 새로고침 버튼을 누르면 다시 프로토타입을 볼 수 있습니다. 두 번째 바 차트에서 세 번째 바 차트로 연결되는 애니메이션의 옵션을 [Gentle]에서 [Bouncy], [Slow] 등으로 변경해보세요.

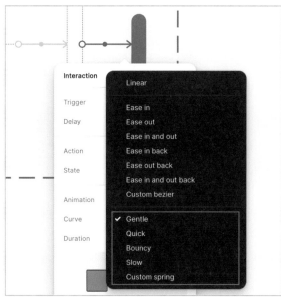

 tip

Navigate to와 Change to 액션의 차이

Part 02의 Chapter 03에서 프로토타입을 생성할 때는 [Navigate to] 액션을 사용했습니다. 이 액션은 프레임 간 이동을 통해 화면을 전환할 때 주로 사용됩니다. 반면, [Change to]는 동일한 프레임 내에서 컴포넌트의 상태를 변경할 때 사용됩니다. 따라서 버튼 상태 전환, 탭 메뉴 전환 등 하나의 화면에서 발생하는 상태 변화를 구현할 때 주로 활용됩니다.

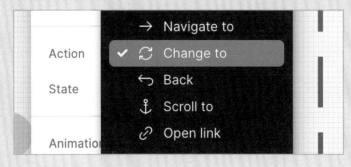

Smart animate 전환 효과 알아보기

애니메이션에서는 움직임의 속도를 제어하는 방식이 필요하며, 이를 Ease라고 부릅니다. 피그마에서는 Ease in, Ease out 등의 방식을 사용해 움직임의 가속과 감속을 구현할 수 있습니다. 또한, Gentle, Slow와 같은 탄성 효과가 포함된 미리 설정된 프리셋을 활용해 더 자연스럽고 유연한 애니메이션을 쉽게 적용할 수 있습니다.

1) **Ease in**: 느리게 시작해서 점점 빨라지며 끝나는 효과
2) **Ease out**: 빠르게 시작해서 점점 느려지며 끝나는 효과
3) **Ease in and out**: 느리게 시작해서 중간에 빨라졌다가 다시 느려지며 끝나는 효과
4) **Gentle**: 부드럽고 느린 움직임을 특징으로 하는 전환 효과
5) **Quick**: 빠르게 애니메이션이 시작하고 끝나는 전환 효과
6) **Bouncy**: 끝부분에서 튕기는 듯한 효과
7) **Slow**: 전환 속도가 느린 효과

전환 효과 별 동영상은 help.figma.com에서 'Prototype easing and spring animations'를 검색해보세요.

북마크 애니메이션 완성하기

북마크를 클릭할 때 크기가 커지면서 색이 채워지는 애니메이션과, 북마크 해제 시 크기가 줄어들었다가 원래 상태로 돌아오는 애니메이션을 제작해봅니다.

01

`Option`/`Alt` + `Shift`를 누른 상태에서 새로운 북마크를 우측에 복제합니다. `⌘`(Cmd)/`Ctrl` + `D`를 두 번 더 눌러 북마크를 총 4개 생성합니다. [Layers] 패널에서 두 번째, 세 번째, 네 번째 북마크 프레임에서 숨겨져 있던 'Icon filled' 아이콘을 보이게 처리합니다. 세 번째와 네 번째 북마크 프레임에 서는 'Icon unfilled' 아이콘을 숨김 처리합니다.

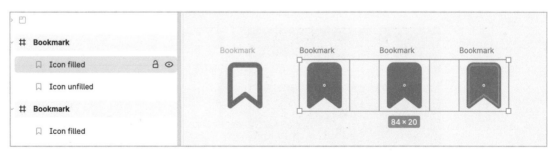

02

두 번째 프레임에서 'Icon filled' 아이콘을 클릭한 후 [Constrain proportions] 옵션을 해제하고, 너비와 높이를 '2'로 변경합니다. [Align horizontal centers]와 [Align vertical centers] 옵션을 클릭하여 프레임 가운데로 정렬합니다. [Fill]과 [Stroke]를 'Primary/100'으로 변경합니다. 'Icon unfilled' 아이콘을 클릭하고, 너비를 '10'으로 변경한 뒤, 마찬가지로 프레임 중앙에 정렬합니다.

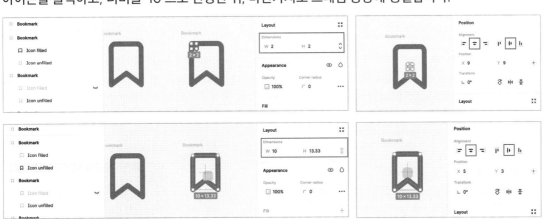

03

세 번째 프레임에서 'Icon filled' 아이콘을 선택하고, 너비를 '14'로 변경한 뒤 프레임 중앙에 정렬합니다. 프레임을 선택하고 'Clip content' 아이콘을 해제하여, 프레임보다 커진 아이콘이 보일 수 있도록 설정합니다.

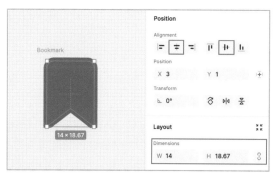
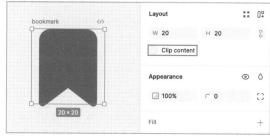

04

모든 북마크 프레임을 드래그하여 선택한 후, [Frame] – [More actions]에서 [Create multiple components] 버튼을 클릭해 각각의 컴포넌트로 만듭니다. [Combine as variants] 버튼을 클릭하여 컴포넌트 세트로 생성합니다. 컴포넌트 세트의 이름을 'Bookmark animation'으로 변경하고 'Property 1'의 이름을 'State'로 수정합니다.

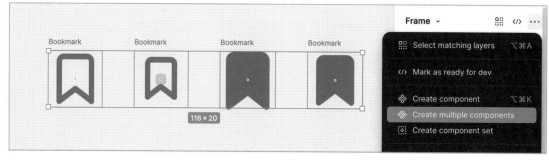
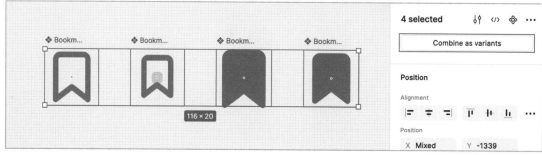

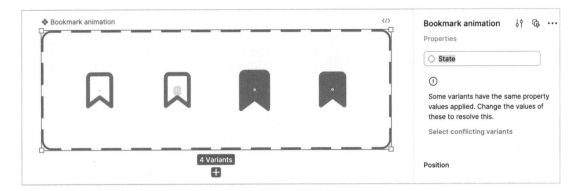

05

첫 번째 프레임을 클릭하고 'State' 값을 'Default'로 변경합니다. 두 번째와 세 번째 프레임의 'State' 값을 각각 'State 1', 'State 2'로 변경합니다. 네 번째 프레임의 'State' 값을 'Bookmarked'로 설정합니다.

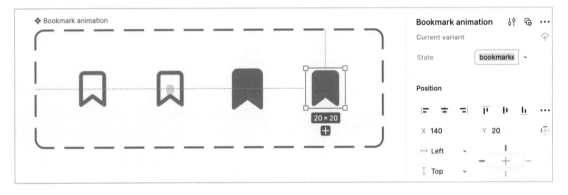

06

[Prototype] 탭으로 이동하여, 첫 번째 프레임에서 두 번째 프레임으로 화살표를 연결합니다. 북마크 클릭 시 애니메이션을 실행하기 위해 트리거는 [On click]으로 설정합니다. 애니메이션 효과는 [Smart animate], [Ease out]으로 설정하고, 클릭 즉시 상태를 변화시키기 위해 애니메이션의 지속 시간을 '1ms'로 변경합니다.

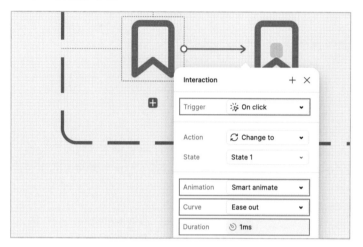

07

두 번째 프레임에서 세 번째 프레임으로 화살표를 연결합니다. 두 번째에서 세 번째 프레임으로의 전환은 사용자의 행위 없이 자동으로 진행되므로, 트리거를 [After delay]로 설정합니다. 지연 시간을 '1ms'로 변경하여, 프레임 간의 전환이 즉시 실행되도록 합니다. 커브를 [Ease in]으로 선택하고, 지속 시간을 '200ms'로 변경하여 북마크의 색이 0.2초에 걸쳐 채워지고 크기가 커지도록 합니다.

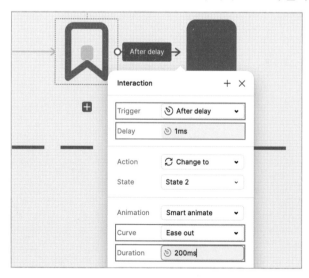

08

세 번째에서 네 번째 프레임으로 화살표를 연결하고, 트리거를 [After delay]로 설정한 후 지연 시간을 '1ms'로 설정합니다. 커브는 [Ease out]으로 선택하고, 지속 시간을 '200ms'로 변경하여 북마크가 0.2초에 걸쳐 기본 크기로 줄어들도록 설정합니다.

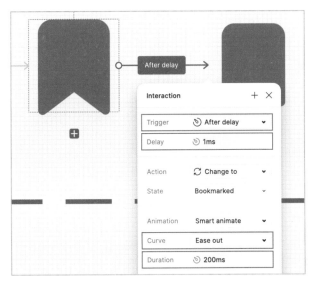

09

이어서 북마크를 해제하는 효과를 제작해봅니다. 'Bookmark' 컴포넌트 세트를 선택하고, [+] 버튼을 클릭하여 컴포넌트를 추가합니다.

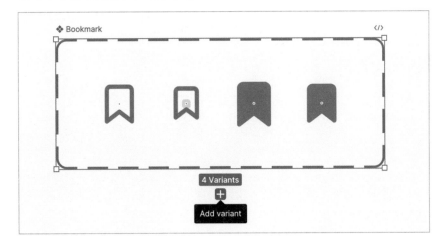

컴포넌트 세트의 크기를 조절해 아래 줄에 새로운 컴포넌트를 배치합니다. 새로운 컴포넌트의 'State' 값을 'State 3'으로 변경하고, 연결된 인터랙션이 있다면 'Interactions' 패널에서 [-] 버튼을 클릭해 모두 삭제합니다.

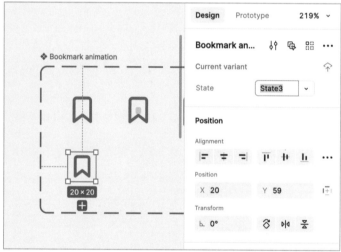

10

새롭게 추가한 다섯 번째 프레임에서 'Icon unfilled' 아이콘을 선택하고, 너비를 '10'으로 변경한 후 프레임 중앙에 정렬합니다. [Prototype] 탭에서 네 번째 프레임에서 다섯 번째 프레임으로 화살표를 연결합니다. 북마크를 클릭하면 크기가 작아져야 하므로 트리거는 [On click]으로 설정합니다. 커브는 [Ease out]으로, 지속 시간은 '30ms'로 설정합니다.

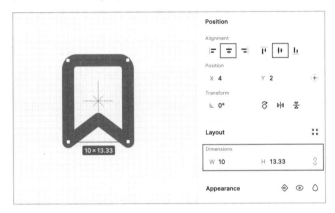

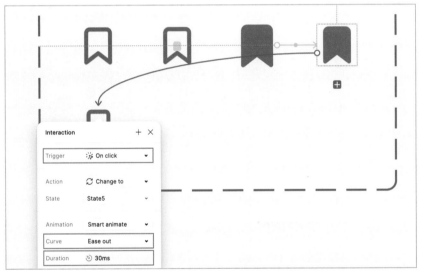

11

다섯 번째 프레임에서 첫 번째 프레임으로 화살표를 연결하고, 트리거를 [After delay]로 설정한 후 지연 시간을 '1ms'로 선택합니다. 커브는 [Ease out]으로, 지속 시간은 '150ms'로 설정합니다. 0.15초에 걸쳐 기본 크기로 전환됩니다.

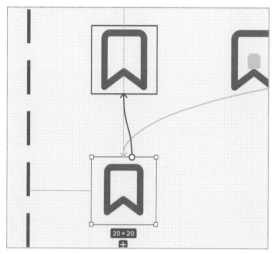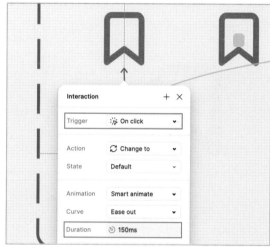

12

완성된 'Bookmark animation' 컴포넌트 세트를 ⌘(Cmd)/Ctrl + X로 잘라낸 후, [Layers]에서 'Components' 페이지로 이동합니다. 'Bookmark animation' 섹션에 ⌘/Ctrl + V를 사용해 붙여넣습니다. 다시 작업중이던 페이지로 돌아와 대시보드 1-2 화면의 북마크 아이콘을 클릭한 후, [Swap instance] 목록에서 'Bookmark animation'을 찾아 대체합니다.

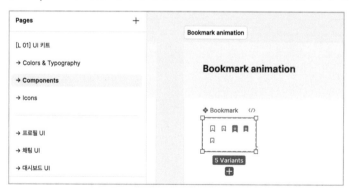

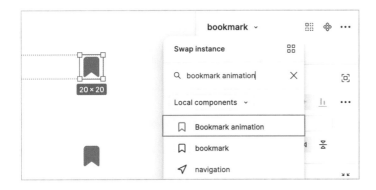

북마크 컴포넌트의 속성을 'Bookmarked'로 변경합니다.

13

'북마크' 플로우의 재생 버튼을 클릭하여 프로토타입 모드로 진입합니다. 북마크 아이콘을 클릭해 해제 애니메이션을 확인한 후, 해제된 북마크를 다시 클릭하여 북마크 설정 애니메이션을 확인합니다.

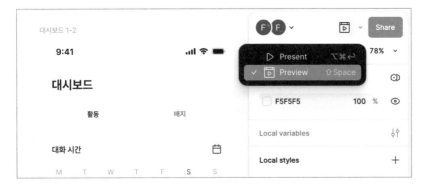

속성 순서 변경하기

컴포넌트 세트를 선택한 후 속성값 칸에 마우스를 올려 숨겨진 [Edit property] 버튼을 클릭합니다. 값의 왼쪽에 마우스를 올리면 나타나는 리스트 아이콘을 드래그 앤 드롭하여 순서를 조정할 수 있습니다.

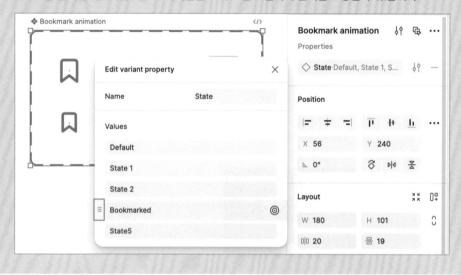

오버레이 열기를 활용한 모달 프로토타입 제작하기

날짜 선택이나 세부 정보 표시 등 화면 디자인에서 자주 사용되는 모달을 오버레이 열기(Open overlay) 기능을 활용하여 프로토타입으로 제작해 보겠습니다.

모달 1: 하단에서 올라오는 모달 프로토타이핑

01

[Prototype] 탭으로 이동하여, 화면의 번개 배지에서 'Bottom sheet'로 화살표를 연결합니다. 트리거는 [On click]으로 설정하고, 액션은 [Open overlay]로 선택합니다.

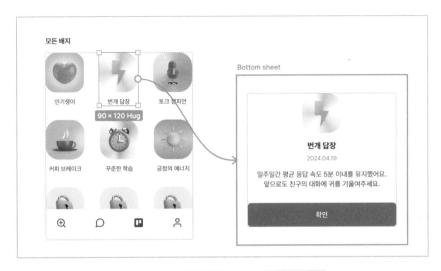

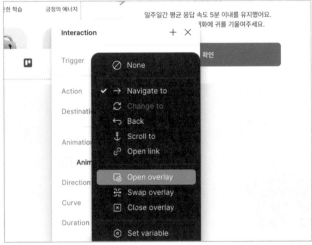

02

포지션은 [Bottom center]를 선택하여 모달이 하단 중앙에 위치하도록 합니다. 아래의 옵션을 모두 체크합니다.

1) **Close when clicking outside**: 모달 외부를 클릭했을 때 모달이 자동으로 닫히게 됩니다.
2) **Background**: 모달 외부에 반투명 배경이 추가됩니다. 배경을 어둡게 처리하여 모달을 더욱 강조합니다.

애니메이션은 [Move in]으로 설정합니다. 아래에서 나타나는 효과를 위해 아래에서 위로 올라오는 [화살표(↑)]를 선택합니다. 전환 효과를 [Ease out]으로 설정하고, 지속 시간은 '200ms'로 지정합니다.

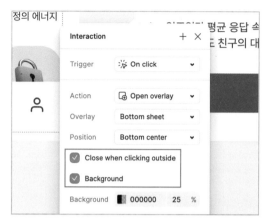

Q tip

Preview 창 크기 맞추기

프로토타입을 재생하는 Preview 창의 크기가 화면을 제대로 포함하지 않거나 적절하지 않다면, 상단의 [Overflow menu] - [Resize window to 100%]를 클릭해보세요. 현재 선택한 프레임의 크기에 맞춰 창의 크기가 다시 조정됩니다.

03

확인 버튼을 클릭하면 모달이 꺼지는 효과를 추가해봅니다. '확인' 버튼을 선택한 후 [Prototype] - [Interactions] 에서 [+] 버튼을 클릭하여 인터랙션을 추가합니다. 트리거는 [On click]으로 설정하고, 액션은 [Close overlay]를 선택합니다.

'하단 모달' 플로우의 재생 버튼을 클릭하여 번개 배지 클릭 시, 하단에서 올라오는 모달 프로토타입을 확인합니다.

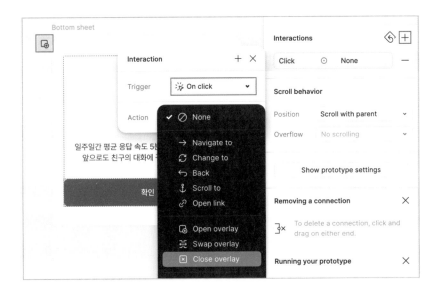

모달 2: 원하는 위치에 모달 프로토타이핑

01

[Prototype] 탭으로 이동하여 화면의 달력 아이콘을 선택하고, 'Week select' 프레임으로 화살표를 연결합니다.

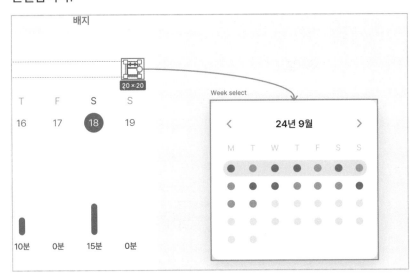

02

트리거를 [On click]으로 설정하고 액션은 [Open overlay]로 선택합니다. 모달을 원하는 위치에서 노출하기 위해 포지션을 [Manual]로 설정하고, [Close when clicking outside] 옵션을 체크합니다. 투명하게 나타난 달력 모달을 드래그하여, 달력 아이콘으로부터 '8' 아래 배치합니다.

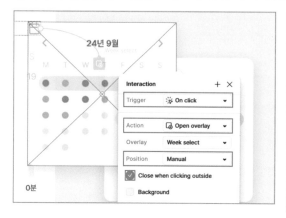
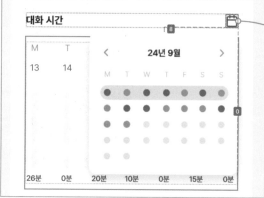

03

애니메이션은 [Instant]로 설정하여 달력 아이콘 클릭 즉시 모달이 나타나도록 합니다. '달력 모달' 플로우의 재생 버튼을 클릭하여 프로토타입을 확인합니다.

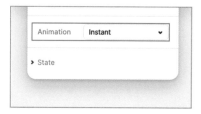

Deep Dive 피그마 슬라이드

Config2024에서 발표된 새로운 프레젠테이션 도구, Figma Slides에 대해 알아봅니다.

피그마 슬라이드는 베타 버전(2024년 9월 기준)으로 제공되고 있습니다. 피그마 홈에서 [New slide deck]을 누르거나 [Create new] 옵션 중 [Slide deck]을 선택하여 시작할 수 있습니다.

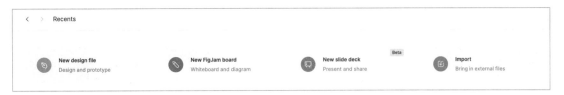

또한, 목적에 맞는 20여가지 템플릿 중 하나를 선택할 수 있습니다.

피그마 슬라이드의 **인터페이스**는 다른 프레젠테이션 도구와 유사하기 때문에 비교적 쉽게 적응할 수 있습니다.

❶ **좌측 사이드바**: 새로운 슬라이드를 추가하고 슬라이드 그룹을 만들어 구성할 수 있는 영역입니다.

❷ **캔버스**: 슬라이드를 편집하는 주요 작업 공간입니다. [Slide view]에서 개별 슬라이드를 편집하거나, [Grid view]로 전체적인 흐름을 보며 편집할 수 있습니다.

❸ **우측 사이드바**: 폰트 및 오브젝트의 속성을 편집하고 슬라이드 전환 효과를 추가할 수 있습니다.

❹ **툴바**: 피그마 디자인 파일과 유사하게 텍스트, 이미지, 도형, 코멘트 등의 기능을 사용할 수 있습니다.

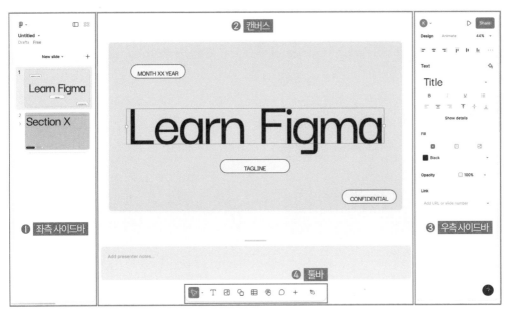

피그마 슬라이드에서 특히 주목할 만한 기능은 라이브 인터랙션과 디자인 모드입니다.

1) **라이브 인터랙션**은 프레젠테이션 중 실시간으로 참여자의 피드백을 수집하고, 프로토타입을 선보일 수 있는 기능입니다.

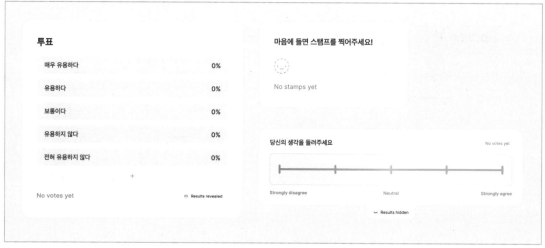

2) **디자인 모드**는 피그마 디자인 파일에서 익숙하게 사용하던 레이아웃을 그대로 사용할 수 있는 기능으로, 유료 플랜 사용자만 사용할 수 있습니다.

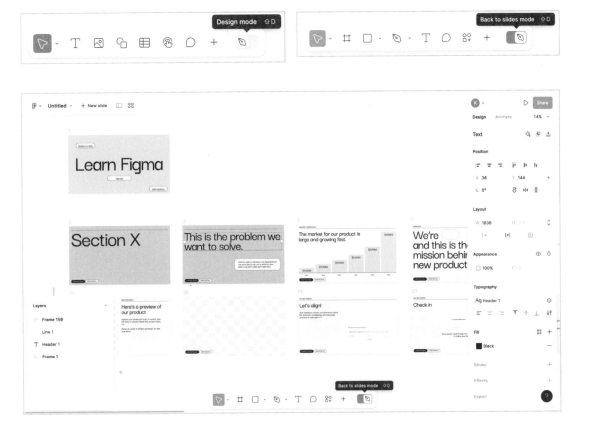

찾아보기